KB123702

니체의 『도덕의 계보』 읽기

세창명저산책_045

니체의 『도덕의 계보』 읽기

초판 1쇄 발행 2016년 7월 15일
초판 2쇄 발행 2024년 5월 20일

—

지은이 강용수
펴낸이 이방원
기획위원 원당희
책임편집 정조연   **책임디자인** 손경화
마케팅 최성수·김 준   **경영지원** 이병은

—

펴낸곳 세창미디어

신고번호 제2013-000003호 주소 03736 서울시 서대문구 경기대로 58 경기빌딩 602호

전화 723-8660 팩스 720-4579 **이메일** edit@sechangpub.co.kr **홈페이지** http://www.sechangpub.co.kr

블로그 blog.naver.com/scpc1992 페이스북 fb.me/Sechangofficial 인스타그램 @sechang_official

—

ISBN 978-89-5586-438-0 03160

ⓒ 강용수, 2016

Friedrich
NIETZSCHE

세창명저산책_045

강용수 지음

니체의 『도덕의 계보』 읽기

세창미디어
MEDIA

머리말

    현대철학자 가운데 가장 영향력 있는 학자로 니체를 꼽을 수 있다. 그의 저서 가운데 『도덕의 계보*Zur Genealogie der Moral*』(1887)는 가장 중요한 저서로 분류되고 있다. '도덕의 계보―하나의 논박서'라는 제목의 대표적 저서는 「서문」을 포함해 「제1논문: '선과 악', '좋음과 나쁨'」, 「제2논문: '죄', '양심의 가책' 그리고 그와 유사한 것들」, 「제3논문: 금욕주의적 이상이란 무엇을 의미하는가」로 구성된다.

    『도덕의 계보』는 제목처럼 계보학이라는 방법론을 소개하고 있다. 이것은 우리가 당연하게 여기고 있는 '선과 악'과 같은 가치판단의 근원과 유래를 밝히는 작업이다. 특히 이 책에서 다루어진 많은 주제는 프랑스의 철학자 미셸 푸코M. Foucault로 계승된다. 푸코는 『감시와 처벌』에서 이를 상세히 응용하고 자신을 '과격한 니체주의자'라고 공언하기도 했다. 독일뿐만 아니라 프랑스에서도 '니체 르네상스'라는 열풍이 불 정도로 니체철학에 대한 연구가 활발히 이루어진 것에 주목할 필요가 있다.

우리나라에서도 니체의 유명한 말들을 모아 펴낸 책들이 꽤 인기가 있다. 그러나 니체는 단순히 인생의 잠언을 설파했던 대중철학자가 아니라 전문철학자로서 자리매김할 필요가 있다. 무엇보다 서양철학사, 특히 유럽의 지성사에 깊게 각인된 지식의 지형도를 알기 위해선 『도덕의 계보』에 대한 이해가 반드시 필요하다고 할 수 있다.

『도덕의 계보』는 비교적 짧은 분량의 책으로, 자명하다고 여겨진 선과 악에 대한 근원과 유래를 밝혀내고 있다.

어원상 계보Genealogie는 유래를 밝히는 '족보학'이라고 할 수 있다. 사람에게는 누구나 자신이 태어나 자란 조상의 혈통이 있듯이 우리의 가치판단도 그 뿌리를 파헤쳐 보면 유래를 밝힐 수 있다는 생각이다. 따라서 니체는 계보학을 '쟁기날'에 비유하면서 땅을 파는 광부의 작업에 빗대기도 한다. 그렇게 깊이 땅을 파내려 가다 보면 금을 캘 수도 있고 그냥 돌맹이를 캘 수도 있는데, 땅의 표면과는 다른 어떤 이질적인 심층을 밝히는 것이 바로 계보학의 일이다. 땅의 결을 파헤쳐 표면과 지층의 위계를 뒤집는 것, 가치의 창조와 파괴가 바로 니체의 모험이다. 이 모험의 궁극적인 지향점은 선과 악의 경계를 넘어 진정한 자유정신을 획득하는 것이다.

저자 강용수

| CONTENTS |

서 문
철학은 자기 인식의 길이다

'우리는 자기 자신을 잘 알지 못한다'(337).

니체는 『도덕의 계보』 서문을 '우리는 자기 자신을 잘 알지 못한다'는 선언으로 시작한다. 그 이유는 우리가 충분히 자신을 진지하게 탐구해 본 적이 없기 때문이다. 우리는 날아다니는 벌처럼 벌꿀을 모아서 집으로 가져갈 뿐, 그 체험에 대해 몰두한 적이 없다는 비판이다.

그러나 인간은 한참이 지난 후에야 '도대체 우리는 무엇을 체험한 것인가?'라는 물음과 함께 우리의 생활, 체험, 존재의 의미를 따져 보게 된다. 인간은 단순히 동물로 사는 것이 아니라 그것을 음미함으로써 존재의 의미에 대한 세계를 열어 보게 된다. 존재에 관한 물음을 제기하지 않게 되기까지 '우리는 필연적으로 오직 자신에게 이방인이다. 우리는 우리 자신을 이해하지 못한다.' 따라서 '모든 사람은 자기 자신에 대해 가장 먼 존재다'(338)라는 명제는 그만큼 우리 자신을 인식하는 일이 힘들다는 말이다.

따라서 철학의 과제는 바로 자기 인식에 있다고 할 수 있다. 계보학은 철학자로서 니체 자신의 인식의 근본 의지를 밝혀내는 작업이다. 니체는 인식의 발전을 나무에 비유한다. 자신의 사상을 포함해 많은 가치는 '하나의 뿌리', '정신의 심층'에서 자라나게 된다. "오히려 한 그루의 나무가 열매를 맺는 필연성으로, 우리의 사상과 가치, 우리의 긍정과 부정, 가정과 의문이 우리 안에서 자라나는 것이다"(339). 그러한 가치는 성장하면서 서로 긴밀하게 결합하고, 친밀하고 밀접한 관계를 맺으며 '하나의 의지', '하나의 건강', '하나의 토양'을 증언하고 있다. 니체는 이러한 비유를 통해 가치가 어떤 토양에서 자라서 인식의 열매를 맺는지 계보학을 통해 밝혀내고자 한다. 그 가운데 가장 핵심적인 주제는 바로 '도덕적 편견에 대한 기원'에 관한 것이다.

니체는 도덕의 기원에 대해 의심과 의문을 던진다. 이 때문에 어릴 때부터 '선과 악이 본래 어떤 기원을 갖는가'라는 물음을 가졌다. 이 과정에서 신의 존재, 칸트의 정언명법에 대한 연구가 있었지만, 니체는 신학적인 편견을 도덕적 편견과 구분한 다음, 더 이상 악의 기원을 세계의 배후에서 찾지 않았다. 열세 살 소년 시절부터 니체의 관심을 사로잡았던 것은 '악의 기원에 대한 물음'이었다. 니체는 '신'을 '악의 아버지'로, 인간의 악한 '선천성'을 칸트의 '정언명법'으로 여기기도 했지만, 신학적인 편견과 도덕적인 편견에서 벗어나 나중에 심리학, 역사적, 문헌학적인 문제로 질문을 바꾸었다.

"인간은 어떤 조건 아래 선과 악이라는 가치판단을 생각해 냈던 것일까? 그리고 그 가치판단들 자체는 어떤 가치를 가지고 있는 것일까? 그것은 이제까지 인간의 성장을 저지했던 것일까? 아니면 촉진했던 것일까? 그것은 삶의 위기와 빈곤, 퇴화의 징조인가? 아니면 반대로 거기에는 삶의 충만함,

힘, 의지와 용기와 확인이, 그 미래가 나타나 있는가?"(340-341).

니체는 그것에 대한 답으로 시대와 민족, 개인들의 등급을 구분하고 그곳에서 가치의 기원을 찾고자 했다. 선악이 지닌 이중의 전사前史는 귀족의 영역과 노예의 영역이다. 금욕적 가치의 유래, 이타주의, 풍습의 도덕 등에서 유래한 것이다.

니체의 도덕의 기원에 관한 탐색에 큰 영향을 준 책은 파울 레 박사Dr. Paul Rée의 『도덕 감정의 기원Der Ursprung der moralischen Empfindungen』(1877)이다. 니체의 도덕의 기원에 대한 가치는 목적을 위한 수단이라는 관점에서 고려되었다. 무엇보다 중요한 것은 쇼펜하우어의 동정Mitleid에 대한 윤리학이다. 위대한 스승으로 간주된 쇼펜하우어와의 대결은 동정에 대한 해석 차이에서 시작되었다. "특히 문제가 되는 것은 '비이기적인 것'의 가치, 즉 동정본능, 자기 부정본능, 자기 희생본능의 가치였는데, 이것이야말로 바로 쇼펜하우어가 오랫동안 미화하고 신성시하고 저편 세계의 것으로 만들었던 것이며, 이러한 것들이 결과적으로 그에게 '가치 자체'로 남게 되었고, 그는 이러한 것들을 기반으로 삶에 대해 그리고 자기 자신에 대해서까지 부정을 말했다"(343).

그러나 니체는 쇼펜하우어가 말한 동정본능에 의구심을 갖고 근본적인 회의를 했다. 여기서 니체는 정체, 피로, 삶에 반항하는 의지, 연약하고 우울한 것을 예고하는 마지막 병을 보았다.

"나는 더욱 퍼져 나가 철학자들마저 휩쓸어 병들게 하는 동정의 도덕을 섬뜩하게 된 우리 유럽문화의 가장 무서운 징후로, 새로운 불교와 유럽인의 불교, 허무주의에 이르는 우회로로 파악했다"(344).

이제 동정을 전혀 다르게 과대평가하는 새로운 현상이 일어났다. 니체는 '동정이 가치가 없다'는 많은 철학자의 의견과 일치한다. 예를 들어 플라톤, 스피노자, 라 로슈푸코, 칸트 등은 동정을 경시한다. 동정과 동정 도덕의 가치와 관련한 니체의 기본 입장은 '현대의 수치스러운 감정의 허약화에 반대'하는 것이다.

"우리에게는 도덕적인 가치들을 비판하는 것이 필요한데,
이러한 가치들의 가치는 우선 그 자체로 문제시되어야 한
다. ― 이를 위해서는 이러한 가치들이 성장하고 발전하고
변화해 온 조건과 상황에 대한 지식이 필요하다(결과와 증후,
가면과 위선의, 질병과 오해로서의 도덕, 그러나 또한 원인과 치료
제 자극제 억제제, 독으로서의 도덕)"(344-345).

따라서 니체의 가치에 대한 분석에는 다른 분야의 지식
까지 동원될 필요가 있다. 지금까지의 선과 악에 대한 판
단, 공리와 번영을 위한 공리주의 등에 퇴행의 징후나 미래
를 위한 희생과 같은 위험이 있지 않은지 계보학적으로 밝
혀야 할 것이다. 이는 새로운 눈으로 도덕의 광막하고 아득
하며 숨겨진 땅을 여행하는 것과 같다. 그 대상은 바로 '오
랫동안 판독하기 어려웠던 인간의 도덕적 과거사의 상형
문자 전체'이다. 여기에 필요한 해석의 기술을 위해 우리는
'소'가 되어야 한다. 그 해석은 바로 '되새김질'이다.

제1논문
선과 악, 좋음과 나쁨

제1논문의 제목에서 알 수 있듯이, 니체는 선과 악, 좋음과 나쁨을 구분하고 그것이 역사적으로 어떤 배경에서 형성되었는지 그 계보를 밝혀내고자 한다. 니체는 도덕의 발생사를 연구한 영국의 심리학자들의 의도가 인간의 지적인 자부심을 '습관의 타성', '망각' 속에서 찾고자 하면서 결국 '인간 경시의 본능'을 나타내는 것이 아닌지 의문을 제기한다.

1. 역사적 고찰 비판

모든 낡은 철학자들이 그렇듯 영국의 심리학자들은 역사

적 정신 자체가 부족하다는 비판에서 "본질적으로 비역사적으로 생각한다"(353). 그러나 역사적 관점에서 영국의 도덕계보학은 의미 있는 작업을 진행한다. 영국 심리학자들에 따르면 모든 가치평가의 기준은 ① 공리, ② 망각, ③ 습관, ④ 오류 네 가지다. 니체가 볼 때 이러한 추론과정에는 영국인의 전형적인 특이체질의 오류가 있다는 지적이다. 니체는 다음과 같이 말한다.

"'공리', '망각', '습관' 그리고 마지막으로 '오류', 이 모든 것이 가치평가의 기초가 되고 있으며, 보다 높은 인간은 그 평가를 지금까지 인간 일반의 일종의 특권인 양 자랑해 왔다. 이러한 자부심은 마땅히 꺾어야만 하며, 이러한 가치평가는 탈가치화되어야만 한다: 그러나 그러한 것이 이루어졌는가? … 그러나 첫째로 나에게 분명한 것은 이 이론에서 '좋음'이라는 개념의 본래적인 발생지를 잘못된 장소에서 찾고 설정하고 있다는 사실이다. '좋음'이라는 판단은 '좋은 것'을 받았다고 표명하는 사람들의 입장에서 나오는 것은 아니다. 오히려 그것은 '좋은 인간들' 자신에게 있었던 것이다. 즉 저급한 모든 사람, 저급한 뜻을 지니고 있는 사람,

비속한 사람, 천민적인 사람들에 대비해서, 자기 자신과 자신의 행위를 좋다고, 즉 제일급으로 느끼고 평가하는 고귀한 사람, 강한 사람, 드높은 사람들, 높은 뜻을 지닌 사람들에 있었던 것이다"(353).

선과 악의 판단은 그 자체가 아닌 인간 자신의 계급 차이에서 유래한다. 지금까지의 도덕평가 기준이 앞의 네 가지 원칙에 의해 이뤄졌다면, 그러한 자부심은 당연히 꺾여야 하고 탈가치화가 이뤄지는 것이 당연하다. 이러한 오류는 어디서 발생한 것인가? 니체가 볼 때 영국의 심리학자들의 오류는 '좋음'과 '좋은 사람'을 혼동한 데 있다. 다시 말해 '좋음'을 '좋은 것' 자체가 아닌 '좋은 인간들'의 평가에서 찾아야 한다는 것이다. 좋음이라는 개념은 '좋은 것'을 받은 사람의 입장이 아니라, '좋은 인간들'에게 있다. 좋은 것은 좋은 인간들에게 속하는 덕목과 관련된다. 여기서 니체는 노예계급과 귀족계급의 가치평가를 구분한다. '좋은 인간들'이란 '거리의 파토스Pathos der Distanz'의 정신을 지닌 자들이다. "이러한 거리의 파토스에서 가치를 창조하고 가치의 이름을 새기는 권리를 비로소 가지게 되었던"(353-354) 그들은 '공리'와는 무관하며 '타산적인 영리함'이나 '공리적 계산'과는 정반대다.

처음에는 귀족적인 가치판단이 지배적이었다. "고귀함과 거리의 파토스. 좀 더 높은 지배 종족이 좀 더 하위의 종족, 즉 '하층민'에게 가지고 있는 지속적이고 지배적인 전체 감정과 근본 감정 — 이것이야말로 '좋음'과 '나쁨'이라는 대립의 기원이다"(354).

'좋음'과 '나쁨'의 차이는 원래 귀족적인 가치판단에서 유래하였다. 선과 악은 지배자가 이름을 부여함으로써, 권력을 표현하는 것으로 모든 것을 봉인하는 가치다. 따라서 "이러한 기원에서 드러나는 사실은, '좋음'이라는 용어가 저 도덕계보학자들의 미신이 억측하는 것처럼, 처음부터 필연적으로 '비이기적' 행위와 결부된 것이 결코 아니라는 것이다. 오히려 이러한 '이기적', '비이기적' 이라는 대립의 전체가 인간의 양심에 더욱 떠오르게 되는 것은 귀족적 가치판단이 몰락할 때 비로소 일어난다"(353).

니체에 따르면 귀족적인 가치판단(좋음과 나쁨)이 사라진 다음에 노예적인 판단(선과 악)이 등장하는데, 이러한 가치의 대립은 본질적으로 '단독본능'과 '무리본능'의 차이에 근거한다. 노예의 무리본능이 주인이 되면서 오랜 시간을 거쳐 오늘날 '도덕적', '비이기적', '사욕 없는' 가치가 선입견이 되어 고정관념이나 정신병처럼 유럽을 지배하게 되었다는 비판이다.

2. 심리학적 모순: 기억과 망각

'좋음'이라는 가치판단의 유래에 역사적인 근거가 없다는 주장 다음으로, 니체는 그 가설이 내포하는 '심리학적 모순'을 파헤친다. 선한 것 자체는 없다. 무엇보다 니체는 가치평가 기준과 관련해 비이기적 행위의 이기성에 대해 분석한다. 본래는 이기적 동기가 이익을 얻는 입장에서 긍정되다가, 그것이 망각되면서 그 자체가 선한 것으로 착각되었다는 것이다.

"원래 비이기적 행위란 그 행위가 표시되어, 즉 그 행위로 인해 이익을 얻는 사람의 입장에서 칭송되고 좋다고 불렸다.

그 후 사람들은 이 칭송의 기원을 망각하게 되었고 비이기적 행위가 습관적으로 항상 좋다고 칭송되었기에, 이 행위를 그대로 좋다고도 느꼈던 것이다. 마치 그 행위가 그 자체로 선한 것인 듯"(353).

따라서 그 자체로 선한 동기는 없다. 이는 선한 동기(선의지ein guter Wille)를 부정한다는 점에서 칸트의 동기주의Motivism와 반대된다고 할 수 있다.

"비이기적 행위의 공리성이 그러한 행위를 칭송하는 기원임이 틀림없으며, 그리고 이러한 기원은 망각되어야 하지만 또한 이렇게 망각하는 것이 어떻게 가능하단 말인가? 그러한 행위의 공리성이 언젠가 중단되었단 말인가? 사실은 정반대이다: 이러한 공리성은 오히려 어느 시대나 경험하는 일상적인 것이었으며 부단히 언제나 새롭게 강조되어 온 것이었다. 따라서 그것은 의식에서 사라져 버리는 대신, 즉 잊혀지게 되는 대신, 더욱 확실하게 의식에 새기지 않으면 안 되었다"(355).

인간의 행위의 가치와 관련해 공리주의란 원래 공리성이라는 결과에 의해 판단한다. 그 과정에서 기억과 망각이라는 심리적인 기제가 작동하게 된다. 공리성과 관련해 '행위의 기원에 대한 망각'보다 오히려 그것과 반대되는 스펜서의 이론이 더 합리적이라고 할 수 있다. 오히려 그는 망각보다는 망각되어선 안 되는 경험의 내용을 중요시한다.

> "'좋음'이라는 개념은 '공리적', '합목적적'이라는 개념과 본질적으로 동일한 것으로 평가되며, 따라서 '좋음'과 '나쁨'을 판단할 때 인류는 '공리적이고 목적에 맞는', 그리고 '해롭고 목적에 맞지 않는'에 관한 잊지 못하고, 잊을 수 없는 바로 그들 자신의 경험을 요약하고 승인한 것이다"(355-356).

다시 말해 좋음이란 기억의 '잊지 않음'을 통해 공리성이 증명된 것으로 '최고로 가치 있는', '그 자체로 가치 있는' 것으로 인정할 수 있다. 그렇다고 스펜서의 주장이 옳은 것은 아니지만 설명 자체는 합리적이고 심리학적인 근거가 있다.

3. 어원학

니체는 가치판단의 근원을 언어학적인 분석을 통해 밝혀내고 있다. 그것은 귀족적인 언어사용과 천민적인 언어사용의 구별에 근거한다. 좋음과 나쁨은 원래 신분을 나타내는 것이었다. 좋음은 신분을 나타내는 의미에서의 '고귀한', '귀족적인' 개념에서 생겨나 '고귀한 기질의', '정신적인 특권을 지닌' 의미로 발전했다. 그 반대로 '나쁨'은 '비속한', '천민의', '저급한' 개념에서 발전했다. 곧 나쁨Schlecht은 단순한Schlicht과 같은 뜻이다('Schlecht'는 슐레히트, 'Schlicht' 슐리히트로 발음한다).

"좋음이라는 명칭이 어원학적으로 볼 때 본래 어떤 의미인지 살펴보는 것은 의미 있는 것이며, 나는 이 모든 것이 동일한 개념 변화에 기인함을 발견했다. ─ 즉 어느 언어에서나 신분을 나타내는 의미에서의 '고귀한', '귀족적인'이 기본 개념이며, 여기에서 필연적으로 정신적으로 고귀한, '귀족적인', '정신적으로 고귀한 기질의', '정신적으로 특권을 지닌'이라는 의미를 지닌 '좋음'이 발전해 나오는 것이다: 언제나 저 다른 발전과 평행해 진행되는 또 하나의 발전이 있는데. 이는 '비속한', '천민의', '저급한'이라는 개념을 결국 '나쁨'이라는 개념으로 이행하도록 만든다. 후자에 대한 가장 웅변적인 예는 '슐레히트schlecht(나쁨)'라는 독일어 단어 자체이다: 이는 슐리히트schlicht(단순한)와 같은 말이다"(356).

● 신분과 관련된다

어원학적으로 볼 때 좋음은 귀족과 평민(노예)의 신분과 관계 있으며 그들의 특성이 반영된다. 니체의 '도덕계보학에 관한 본질적인 통찰'에 따르면 가치평가는 민주주의, 겉으로만 객관적으로 보이는 자연과학 그리고 생리학에 영향을 받았지만 영국 버클Buckle의 경우처럼 "영국에서 유래된 현대 정신의 평민주의"(357)를 반영한 것이다.

'좋음'이라는 의미를 나타내는 단어의 어근에는 자신이 '고급스러운 인간'이라는 뉘앙스가 내포되어 있다. "대부분의 경우 간단히 힘의 우월성('힘이 강한 자', '주인', '명령하는 자'로서)에 따라, 또는 이러한 우월성을 가장 가시적으로 드러내는 특징"(357)이다. 그들이 자신을 부르는 '전형적인 성격의 특징'은 '성실한 자', '실질적인 자', '진실한 자'이다. 이것은 귀족을 나타내는 슬로건이 되어 귀족적이라는 의미로 바뀌게 된다. 그 표현(귀족의 정신적 고귀함)은 거짓말하는 평민과 구별되는 말이다. 요약하면 주인은 진실하지만 평민은 거짓되다.

● 혈통과 피부색과 관련된다

혈통으로 본다면, "라틴어 마루스malus(이 말의 옆에 나는 메라스라는 말을 놓고 싶다)라는 말에서 평민은 어두운 피부를 가진 사람들로, 특히 검은색 머리카락을 가진 사람들로 ('여기에 검은 사람이 있다') 특징지을 수 있으며, 지배자가 된 금발의, 즉 아리아계 정복 종족과는 피부색으로 가장 분명하게 구별되는 이탈리아 땅의 아리아계 이전의 주민으로 특징지을 수 있다"(358). 귀족을 특징적으로 나타내는 말을 볼 때 "마침내 선하고 고결하고 순수 혈통의 사람을, 원래는 어둡고 검은 머리카락을 지닌 원주민과는 반대로 금발의 사람을 의미했다. 덧붙여 말하자면 켈트족은 완전히 금발의 종족이었다"(359).

- **전사를 뜻한다**

원래 좋음은 귀족적인 계급인 전사에서 유래한다. "라틴어 보누스bonus를 나는 '전사戰士'로 해석해도 된다고 생각한다: 만일 내가 보누스를 그보다 오래된 두오누스duonus로 소급해 추적하는 것이 당연하다면 말이다(벨룸bellum=두엘룸 duellum=두엔-룸duen-lum을 비교해 보라. 내게는 여기에 저 두오누스의 뜻이 내포되어 있는 것처럼 보인다). 그러므로 보누스란 갈등하고 분쟁하는duo 사람, 즉 전사를 뜻한다. 우리는 고대 로마의 한 남성에게서 그의 '좋음'을 이루는 것이 무엇인지 보게 된다"(359).

나중에 독일어로 'Gut'은 의미가 바뀌어 '신과 같은 사람', '신적인 종족의 사람'과 같은 신분을 지칭하게 된다. 최고의 세습계급이 성직자계급이라면 그 신분이 순수와 불순으로 표시되다가, 나중에 좋음과 나쁨이 더 이상 신분을 나타내지 않는 의미가 된다. 순수, 불결, 낮은 계층, 피에 혐오감을 느끼는 자 등 순수와 불순의 대립이 내면화된다. 요약하면 원래 'bonus', 'duo'는 전사를 뜻하는 신분과 의미가 분리되는 것은 어떻게 이루어지는가? 니체에 따르면 귀족적, 기사적 가치평가는 성직자의 가치평가를 통해 본래 의미에서 벗어나게 된다.

4. 성직자와 전사계급의 대립

니체가 옹호하는 전사계급, 귀족계급과 반대되는 계급이 바로 성직자계급이다. 따라서 성직자의 가치평가와 전사계급의 가치평가가 필연적으로 맞서게 된다. 성직자계급과 전사계급이 서로 대립하는 것은 의견의 차이 때문이다. "성직자계급과 전사계급이 서로 질투하면서 대립하고 보상에 관해 서로 의견을 일치하지 않으려고 할 때마다, 특히 대립하게 하는 자극이 주어졌다. 기사적, 귀족적 가치판단이 전제하는 것은 강한 몸과 생기 넘치고 풍요롭고 스스로 억제할 길 없이 넘쳐나는 건강 그리고 그것을 보전하는 데 필요한 조건들, 즉 전쟁, 모험, 사냥, 춤, 결투놀이와 강하고 자유로우며 쾌활한 행동을 함축하고 있는 모든 것이다"(362).

성직자의 가치평가는 기사적 귀족계급과는 그 전제가 다르다. 성직자는 전쟁에 대해 귀족과는 다른 생각을 가진다. 그들은 무력하기 때문에 사악한 존재가 된다. 곧 그들은 무력감에 귀족을 증오하게 되고 독을 갖게 된다. 풀어서 말하자면 전사와 전쟁을 치를 수 없기 때문에 성직자는 정신적인 것으로 보복해서 귀족을 이기려고 하는 것이다.

성직자의 복수심 못지않게 무력한 민족인 유대인은 자신의 정신을 주입하여 세상을 바꿔서 지배하고 하는 위험한 욕망을 갖는다. 이 지상에서 '고귀한 자', '강력한 자', '지배자', '권력자'에 대항해 자신의 적과 압제자에게 "오직 그들의 가치를 철저하게 전도시킴으로써, 즉 가장 정신적인 복수 행위로 명예회복을 할 줄 알았다. 오직 이렇게 하는 것만이 성직자적 민족에게, 가장 퇴보한 성직자적 복수욕을 지닌 민족에게 적합한 것이었다"(363).

그렇다면 어떻게 성직자의 가치평가(노예, 무력, 복수)가 기사, 전사의 귀족적 가치평가를 바꾼 것인가? '좋음과 나쁨'에서 '선과 악'으로의 전환은 증오, 복수에서 사랑이 나오면서 일어난다. 가치 전환의 과정은 다음과 같다.

유대인은 "귀족적 가치등식(좋은=고귀한=강력한=아름다운=행복한 — 신의 사랑을 받는)을 역전하고자 감행했으며, 가장 깊은 증오(무력감의 증오)의 이빨을 갈며 이를 고집했던 것이다. 즉 '비참한 자만이 오직 착한 자다. 가난한 자, 무력한 자, 비천한 자만이 오직 착한 자다. 고통받는 자, 궁핍한 자, 병든 자, 추한 자 또한 유일하게 경건한 자이며 신에 귀의한 자이고, 오직 그들에게만 축복이 있다. — 이에 대해 그대, 그대 고귀하고 강력한 자들, 그대들은 영원히 사악한 자, 잔인한 자, 음란한 자, 탐욕스러운 자, 무신론자이며, 그대들이야말로 또한 영원히 축복받지 못할 자, 저주받을 자, 망할 자가 될 것이다'라고 말한다"(363). 즉 "유대인과 더불어 도덕에서의 노예 반란이 시작된다"(364). 그것이 약자와 노예가 승리한 서구 2천 년의 역사다.

'복수와 증오'에서 이상을 세우고 가치를 만들면서 새롭고 숭고한 사랑이 생겨난다. 그러나 긍정의 감정인 사랑은 '증오의 뿌리'에서 자라난 '달콤한 열매'다. 곧 사랑의 복음의 화신인 예수가 가난한 자, 병든 자, 죄지은 자에게 축복

과 승리를 가져다주는 구세주의 사랑이다. 그러나 니체가
볼 때 이러한 현상은 귀족의 고귀한 이상을 억누르면서 노
예, 천민, 무리, 유대인이 거둔 승리다. 그러한 반란을 통해
'주인은 없어지고' 평범한 사람의 도덕이 승리하게 된 것이
다. '피에 독을 타는 것', 독살로써 '주인으로부터의 구원'이
이루어졌다. 유대화, 그리스도교화, 천민화를 통해 독이 서
서히 퍼져 나가면서 인류는 병들고 더 나아가 죽게 되는 것
이다.

5. 노예의 반란

　도덕에서의 노예 반란이란 무엇인가? 그것은 원한 자체
가 새로운 가치를 만들 때 시작된다. 원한은 오로지 상상
의 복수를 통해 시작된다. 고귀한 도덕이 자기 자신의 긍
정에서 생겨나지만, 그 반대로 노예 도덕은 "처음부터 '밖
에 있는 것', '다른 것', '자기가 아닌 것'을 부정한다: 그리고
이러한 부정이야말로 노예 도덕의 창조적인 행위인 것이
다"(367). 요약하면 귀족 도덕이 자신의 긍정에서 출발하지

만 노예 도덕은 타자의 부정에서 출발한다. 노예가 가치를 결정할 때 자신의 안에 대해서가 아니라 자신의 밖인 타자로 향한다. 이때 외부세계에 대립물이 필요하며 자신의 활동을 위해서는 외부의 자극이 필요하다. 이러한 점에서 귀족 도덕이 작용적active이라면, 노예 도덕은 반작용적reactive이다.

귀족의 고귀한 방식에서는 자신에 대한 긍정, 감사와 환호를 위해 자신의 대립물을 찾는다. 따라서 그러한 대립물의 부정적인 개념(저급, 천한, 나쁜)은 고귀한 가치평가방식에서 긍정의 개념인 '고귀, 선함, 아름다움'의 대조된 이미지로, 나중에 만들어진다. 이러한 결과, 주인 도덕은 자신의 좋음에서 바깥 대상에 대해 나쁨을 판단하지만, 노예 도덕은 타자의 악함에서 자신의 선함을 판단하는 점에서 그 방향과 순서는 반대다.

'도덕에서의 노예 반란'은 반작용에서 비롯된 르상티망(원한, 증오, 질투 등의 감정이 반복되어 마음속에 쌓인 상태)에 근거한다. 노예적 가치판단은 고귀한 가치체계를 잘못 이해하고 있으며 '무력한 자의 퇴행적 증오, 복수'를 감추고 자신의 적을 화폐위조Falschmünzerei로 기만하는 일이다.

출신이 좋은 귀족은 스스로 행복하다고 느끼지, 적을 고려해서 설득하거나 기만할 이유가 없다. 그러한 '능동'적인 인간은 행복과 행위가 분리될 수 없다는 것을 인식한다. 그의 모든 행위는 행복을 염두에 둔다. 그러나 반대로 무력하고, 억압받고 독이 되는 증오의 감정으로 고통을 느끼는 자는 '수동'적인 행복을 가진다. 예를 들면 마취, 마비, 안정, 평화, 안식일, 정서적 긴장 완화, 안도 등이다. 고귀한 인간은 자신에 대해 신뢰와 개방성을 갖고 '고귀한 혈통'의 어원에 맞게 '정직하고 순박하다.' 그 반대로 원한을 지닌 사람은 정직하지도 순박하지도, 솔직하지도 않고 곁눈질한다.

노예는 "침묵하는 법, 잊어버리지 않는 법, 기다리는 법. 잠정적으로 자신을 왜소하게 만들고 굴종하는 법을 알고 있다. 원한을 지닌 이러한 인간 종족은 결국 반드시 어떤 고귀한 종족보다도 훨씬 더 영리하게 된다"(370). 자신이 영리하다는 것은 '최고급의 생존 조건'으로 여겨진다. 노예의 덕목은 침묵, 기억, 기다림, 왜소, 굴종, 영리함이다. 요약하면, 귀족의 덕목이 고귀함, 정직, 능동적 행복, 신뢰, 개방인

반면 노예의 덕목은 증오, 수동적 행복, 거짓, 진지하지 못함, 솔직하지 못함이다.

"'출신이 좋은 사람들'은 스스로를 '행복한 사람'이라고 느꼈다. 그들은 먼저 적을 고려함으로써 자신의 행복을 인위적으로 꾸미거나 경우에 따라서 스스로 행복하다고 설득하거나 기만할(원한을 지닌 모든 사람이 습관적으로 그렇게 하듯이) 필요가 없었다. 그와 같이 그들은 힘이 가득 넘쳐 나는, 따라서 필연적으로 능동적인 인간으로, 행복과 행위가 분리될 수 없음을 알고 있었다. ― 그들에게 활동한다는 것은 필연적으로 행복을 염두에 둔 것이다(여기에서 에우프라테인, 즉 잘 행동하다는 말이 나왔다). 이 모든 것은 무력한 자, 억압받는 자, 독이 되는 증오의 감정으로 곪아 터져 고통을 느끼는 자의 수준에서 나타나는 '행복'과는 아주 대조를 이룬다. 이러한 사람들에게서 행복이란 본질적으로 마취, 마비, 안정, 평화, 안식일, 정서적 긴장 완화, 안도로, 간단히 말하자면 수동적인 것으로 나타난다. 고귀한 인간은 자기 자신에 대해 신뢰와 개방성을 가지고 살아가는 데 반해 (왜냐하면 '고귀한 혈통의' 라는 단어가 '정직한'과 '순박한'이라는 뉘앙스를 강조하는 말이기 때문이다) 원한을 지닌 인간은 정직하지도 순박하지도 않으며 자기 자신에 대해서 진지하지도 솔직하지도 않다. 그의 영혼은 곁눈질을 한다"(369-370).

6. 선과 악: 적극적인 것과 반동적인 것

원한을 지닌 노예는 적에 대한 사랑이 없고, 적을 악으로 증오하며 자신을 선한 자로 생각한다. 우선 원한으로 적으로서 악한 사람을 생각해 낸 다음 나중에 그 대립물로서 자신을 선한 인간으로 생각해 낸다. 그 반대로 귀족은 스스로 자신을 두드러지게 하려고 자신의 적을 요구한다. 존경할 만한 적을 필요로 한다. 그러나 노예는 '적에 대한 사랑'을 결핍하고 있다.

"고귀한 인간은 이미 자신의 적에게 얼마나 큰 경외심을 가지고 있는 것일까! 그리고 그러한 경외심은 이미 사랑에 이르는 다리이다. … 그는 자신을 두드러지게 하기 위해 스스로 자신의 적을 요구한다. 그는 경멸할 것이 전혀 없고, 아주 크게 존경할 만한 적이 아니면 참을 수 없다! 이에 반해 원한을 지닌 인간이 생각할 수 있는 '적' 을 상상해 보자 —바로 여기에 그의 행위가 있고 그의 창조가 있다: 그는 '나쁜 적' 을, '악한 사람' 을 생각해 내고, 사실 그것을 근본 개념으로 거기에서 그것의 잔상樹象 또는 대립물로 다시 한 번 '선한 인간을 생각해 낸다— 그것이 자기 자신인 것이다!"(371).

요약하면 고귀한 인간은 자기의 좋음에서 나쁨을 만들어 내지만, 노예는 증오에서 타자의 악함böse을 만들어 내고 자신을 선한 자gut로 규정한다. 나쁨은 귀족적인 기원을 갖는 반면, 악함은 노예적인 기원을 갖는다. 귀족적 가치에서 나쁨은 병렬적으로 나중에 보색(2차)으로 나타나지만, 악함은 원형이자 시원始原이자 노예 도덕이라는 구상에서 나온 본래의 행위다(1차). 좋음 개념에 대치된 나쁨과 악함은 기원이 다르다. 좋음과 나쁨, 좋음(선)과 악에서 좋음은 다른 의미를 지닌다. 다시 말해 나쁨은 2차적인 것이며, 악함은 1차적인 것이다. 여기서 누가 악한 자인지 물음을 제기

36

해야 된다. 왜 강한 지배자가 악한 자로 해석이 뒤바뀌었는가? 좋은 사람, 고귀한 자, 강한 자, 지배자가 본래 악한 사람이라는 가치평가는 변색되고 뒤바뀐 해석이다. 그 원인은 독기 어린 눈으로 보는 노예 도덕이다.

7. 문화는 야수를 길들이기 위한 것

문화는 금발의 야수를 길들이기 위한 잔인한 과정이다. 길들이기는 원한본능, 반응본능에서 비롯된 것으로 금발의 야수에 대한 공포에서 생겨났다. 그 결과는 왜소화, 쇠약화 등 허무주의이다.

"'인간'이라는 맹수를 온순하고 개화된 동물, 즉 가축으로 길들이는 데 모든 문화의 의미가 있다는 것이 어찌 되었든 오늘날 진리로 믿어지고 있는데, 만일 이것이 진실이라면, 고귀한 종족과 그들의 이상을 결국 모욕하고 제압하게 된 저 반응본능과 원한본능은 모두 의심할 여지없이 본래의 문화의 도구라고 보아야만 할 것이다"(374).

근대의 유럽문화는 야수를 길들이기 위한 억압적이고 보복적인 충동에 사로잡혀 있다. 그것은 인류의 퇴보를 의미한다. 그렇다면 인류의 문화는 왜 발전하지 못하고 퇴보하게 되었는가? 니체의 문화 일반에 대한 회의와 반론은 어디서 비롯된 것인가? 그것은 고귀한 종족인 금발의 야수에 대한 공포와 경계심 때문이다. 특히 오늘날 왜소한 자, 쇠약한 자들이 그런 감정에 사로잡혀 결국 인류는 문화를 통해 진보하게 되는 것이 아니라, 허무주의라는 문명의 비극적 퇴락으로 귀결되고 만다.

8. 독수리와 양

니체는 좋음의 두 가지 다른 기원을 설명한다. 하나는 독수리에서 유래하며, 다른 하나는 양에서 유래한다. 독수리는 양을 잡아먹는 포식자이며, 양은 자신을 공격하는 독수리를 두려워한다. 양을 잡아먹는 맹금류(독수리)는 고기 맛이 좋다, 나쁘다로 판단한다gut, schlecht-good, bad. 반면 양은 선(좋음)과 악함gut-böse, good-evil으로 판단한다. 좋음good은 한편으로 나쁨bad의 반대말이자 악함evil의 반대말이다. 독수리는 양을 좋아한다. 왜냐하면 양고기가 맛있기 때문이다. 반면 양은 자신을 잡아먹는 독수리가 사악하다고 생각하고, 그와 반대로 자신은 선하다고 생각한다. 이러한 약자인 양이 생각하는 좋음은 원한에 비롯하며 강한 자들이 강하게 나타나기를 바라지 않는 공포감에서 비롯된다.

그러나 약자들이 강한 자들이 강하게 나타나기를 바라지 않는 이유는 무엇인가? 니체는 이를 위해 주체라는 개념을 도입한다. "모든 작용을 작용하는 자. 즉 '주체'에 의해 제약된 것으로 이해하고 오해하는 언어의 유혹(언어 속에서 화석화된 이성의 근본 오류) 아래에서만 다르게 나타날 수 있다"(377). 그 오류는 주체와 작용을 분리하여, 마치 중립적인 기체인 것으로 간주된 주체가 그 행위를 할 수도, 하지 않을 수도 있다고 책임을 지우는 것을 말한다.

이러한 맥락에서 주체이론은 독수리가 양을 낚아 채어가거나 해치지 않는다는 자유와 책임을 근거 짓는다. 이 내용은 언어철학 비판과도 관련되는데, 번개 치는 것에서 주체와 활동으로 구분하여, 앞(섬광)을 원인으로 뒤(번쩍임)를 결과로 보는 것은 활동의 활동, 곧 활동을 중복시키는 오류다. 주체(원자, 물자체 등)는 환상이며 오직 활동만이 있다는 것이다.

"마치 사람들이 번개를 섬광에서 분리하여 후자를 번개라 불리는 어떤 주체의 활동이며 작용이라고 가정하는 것과 마찬가지로, 민중의 도덕도 마치 강자의 배후에는 강한 것을 나타내거나 나타내지 않는 것을 자유롭게 할 수 있는 일종의 중립적인 기체가 있는 것처럼, 강한 것을 강한 것을 표현하는 것과 분리한다. 그러나 그러한 기체는 존재하지 않는다. 활동, 작용, 생성 뒤에는 어떤 '존재'도 없다. 활동하는 자는 활동에 덧붙여 단순히 상상에 의해 만들어진 것이다. ― 활동이 모든 것이다. 사람들은 번개가 번쩍일 때, 실제로는 활동을 중복시킨다. 이것이 활동의 활동이다: 같은 사건을 한 번은 원인이라고 보고 다른 한 번은 결과라고 보는 것이다"(378).

자연과학자들은 원인과 결과를 통해 사물의 본질을 분석하지만, '언어의 유혹'에 사로잡혀 있으며 '주체'라는 믿음에서 헤어나지 못한다. 주체 개념을 비판할 때 주체란 우선 '언어'를 사용하는 '이성'의 오류로 전제되는 것이다. 그것이 원자나 물자체 등으로 확장되면서 '작용을 작용하는 자'로 오해된다. 그뿐만 아니라 '번개가 친다'고 할 때 '번개'와 '친다'를 구분해 원인과 결과로 둘로 나누는 것이 오류다. 곧 하나의 현상을 주어와 술어, 원인과 결과의 둘로 나누는 것이 오류다. 활동이 모든 것이며, 활동하는 자(주체)는 활동에 덧붙여 '상상에 의해 만들어진 것'이다.

다시 말해 '중립적인 기체'로서의 주체에 대한 믿음을 통해 마음대로 행위할 수 있는 의지의 자유와 그것에 책임을 지우는 권리가 확보된다. 그 결과 독수리에게 양을 해치지 않을 수 있는 자유를 허용하는 것과 양을 해치는 것에 대해 책임을 묻는 것이 가능해진다.

주체에 대한 요청으로 "복수와 증오의 감정이 '강자가 약해지는 것도, 맹금류가 어린 양이 되는 것도 마음대로이다'는 믿음"(378)을 자유의지로 인식하게 하고 "맹금에게 맹금이라는 책임을 지우는 권리를 스스로 획득하게 된다"(378).

니체는 이러한 도덕을 '화폐위조'로 비판한다. 곧 양은 타인을 공격하지 않는다는 점에서 자신의 무력감, 무능함을 '선'으로 포장한다. 화폐위조는 영리함을 바탕으로 약함을 미덕과 공적으로, 공격하지 않음을 자유와 공적으로 뒤바꾸는 속임수다. 보복하지 않은 무력감은 선이 되고 겸허, 순결, 비겁함이 덕이 되며 인내, 가련함은 신의 선택이 된다. 곧 자신은 선하고 정의로운 자가 된다. 약자는 그렇게 해서라도 언젠가 강자가 되고자 하는 것이다.

양들은 복수심에 불타는 간계로 독수리와 같은 악한 존재가 아니라 선한 존재가 되고자 한다. 그러나 겉과는 달리 마음 속에는 강한 독수리를 이길 수 없다는 '무력감'과 '복수심'에 악한 존재와 다른 선한 존재가 되고자 한다. 독수리라는 악한 존재와는 반대로 '선한 존재'는 '능욕하지 않는 자', '상처 주지 않는 자', '공격하지 않는 자', '보복하지 않는 자'로 여겨질 뿐만 아니라 겸손하고 공정한 자이다. 따라서 인내, 겸손, 공정은 약자인 선한 자의 덕목이다.

다시 말해 공격하지 않는 행위가 선한 것이 되면서 자신이 선하고 정의로운 자로 변모한다. 양과 같은 선한 존재가 자신의 무능함을 감추기 위해 '영리함은 무력감이라는 저

화폐위조와 자기기만'을 고안하고, '약자의 약함'을 '미덕'으로 변장한다. 그것을 "공적功績인 것처럼 보이는 것"(379)이다. "이러한 종류의 인간에게는 거짓으로 자기 자신을 신성시하곤 하는 자기 보존과 자기 긍정의 본능에서 선택의 자유를 지닌 중립적인 '주체'에 대한 믿음이 필요하다"(379). 따라서 주체, 영혼과 같은 개념을 통해 약자의 '약함'을 자유로 해석하고, 더 나아가 "그들이 그저 그렇게 존재하는 모습을 공적으로 해석하는 저 숭고한 자기기만을 가능하도록 했기 때문이다"(379).

중립적인 주체를 통해 '행위하지 않음'은 교묘하게 선함으로 둔갑된다. 그러나 약함을 선하다와 동일시하는 것은 자기기만에 불과하다.

그러나 이러한 노예도덕의 이상은 어떻게 제조되는가? 바꿔서 그 물음은 누가 이상을 만드느냐의 물음과 같다. 그 비밀은 마치 화폐를 위조하는 것과 같은 원리로 '약한 것을 공적'으로 바꿔 기만하는 것이다. '보복하지 않는 무력감'은 '선'으로 바뀌고, 불안한 천박함은 '겸허'로 바뀌며, 복종은 명령하는 신에 대한 '순종'으로 바뀐다. 뿐만 아니라 약자의 비공격성, 비겁함, 기다림이 '인내'라는 미덕으로 불린다. 또한 복수할 것이 없는 것이 복수하고자 하지 않는 것으로 바뀌면서 심지어 '용서'라고 불리기도 한다. 이렇듯 이상의 제조란 화폐위조를 통한 가치의 전환이다.

노예는 화폐위조를 통해 '적에 대한 사랑'을 말하면서 그들의 '가련함'을 '신에 의해 선택받은 영예'라고 여겼다. '준비, 시련, 훈련'을 통해 '언젠가는 변상되고 엄청난 이자가 붙어 금이나 행복으로 변제될지 모르는' '축복'이라고 여긴다. "지상의 강자와 주인보다 그들이 훨씬 훌륭하다는 것 ― 그들이 훨씬 훌륭할 뿐만 아니라 '더 좋은 것을 가지고 있으며', 하여튼 언젠가는 더 좋은 것을 가지게 될 것이라는 사실을"(381) 굳게 믿는다. 그러나 이러한 '이상을 제조하는 공장은 새빨간 거짓말'에 불과하다. '고약한 냄새'가 나기 때문이다.

풀어쓰면 이상의 제조를 통해 자신은 선하고 타자는 악하다는 거짓 정당화를 이끌어 낸다. 이러한 '가장 대담하고 정교하며 명민하고 기만적인 예술가적인 조작'의 바탕에는 원한과 증오가 자리 잡고 있다. "복수와 증오에 차 있는 이

지하실의 동물들 ― 그들은 바로 복수와 증오에서 무엇을 만들고 있는가?"(382). 사실 '자신은 원한의 인간 가운데 있'는 그들은 "우리 착한 사람들 ― 우리야말로 정의로운 자이다"(382)라는 말을 한다. '보복'이라고 부르지 않고 '정의의 승리'라고 말을 한다. 무신론자에 대한 승리, 정의로운 신의 승리에 취해 스스로 '삶의 온갖 고통에 건네는 위로'는 '미래의 축복의 환상'이다. '최후의 심판', '신의 나라의 도래'를 믿음, 사랑, 희망 속에서 인내하며 기다리는 것이다.

다시 말해 약자의 화폐위조, 자기기만의 목적은 약자인 자신이 선하다고 말함으로써 강자인 타자를 악으로 낙인찍음으로써 지배자가 되고자 하는 것이다. 미래의 나라에 대한 믿음, 사랑, 희망 속에서 "이들 약자들 ― 그들 역시 언젠가는 강자가 되고자 한다"(383). 니체가 볼 때 신의 나라에서 영원한 생명을 보상받기 위해 "영원한 사랑이 나 또한 창조해 냈다"가 아니라 거꾸로 '천국'과 영원한 축복에서 "영원한 증오가 나 또한 창조했다"가 더 정확한 표현이다. 그렇다면 원한과 증오의 투사의 산물인 천국의 축복이란 무엇인가? 바로 '저주받은 자'들이 벌 받고 불타서 죽는 것을 천국에 있는 자가 자신의 축복으로 기쁘게 여기는 것이다. 토마스 아퀴나스는 다음과 같이 '양처럼' 말한다. "천국에 있는 축복받은 사람들은 저주받은 자들이 벌 받는 것을 보고, 그것으로 해서 자신들의 축복을 더욱 기쁘게 여기리라"(384). 그리스도가 재림하는 날 이뤄지는 '최후의 영원한 심판의 날'에는 많은 민족이 불타서 죽고 많은 것이 사라진다. 그리스도를 믿는 자는 천국에서 구원받고, 그렇지 않은 사람은 흉포한 불길 속에서 타 없어지고 만다.

니체의 결론은 다음과 같다. 인류 역사상 두 개의 대립되는 가치평가는 '좋음과 나쁨' 그리고 '선과 악'이다. 수천 년간 지속되는 싸움에 승부를 가리지 못했지만 두 번째 가치가 확실히 오랫동안 우세하게 지배하여 왔다. 이러한 싸움은 강하고 고귀한 자인 로마인과 약자인 유대인 사이에서 가장 치열했다. '요한묵시록'에서 보듯이 로마인과 반대로 "유대인들은 저 탁월한 원한을 품은 성직자적 민족이며, 유례없는 민중 도덕의 천재성을 구유하고 있는 민족이다"(387).

로마인과 유대인의 싸움에서 누가 이겼는가? 로마인에

승리한 것은 유대인이다. 로마는 '오직 인간이 길들여져 있거나 길들여지기를 바라는 곳'에서 멸망했으며, "바로 유대인은 종교개혁이라고 불리는 저 근본적으로 천민적인 (독일과 영국의) 원한 운동 덕분에 다시금 승리를 거두게 되었다"(388). 로마인의 정치적 고귀함은 민중의 원한본능, '다수의 특권'이라는 '원한의 낡아 빠진 허위적 구호'에 의해 무너지고 말았다.

니체는 책의 제목과 관련해 오랫동안 '선악의 저편'을 원했지만, '좋음과 나쁨의 저편'이라는 뜻은 아니라고 밝힌다. 그가 넘어서고자 한 것은 '선과 악'이라는 가치의 대립이지 '좋음과 나쁨'을 파괴하고자 한 의도는 아니라는 것이다.

제2논문
죄, 양심의 가책 그리고 그와 유사한 것들

1. 약속을 허용하는 동물: 정치학의 기술

정치철학에서 약속은 사회계약을 위해 반드시 요구되는 기억을 전제한다. "약속할 수 있는 동물을 기르는 것 — 이것이야말로 자연이 스스로 인간에게 부여한 바로 그 역설적인 과제 자체가 아닐까? 이것이야말로 인간에 관한 본래의 문제가 아닐까?"(397). 기억은 망각의 힘을 반대 방향으로 향하게 하는 것이다. 망각은 "능동적인, 엄밀한 의미에서의 적극적인 저지 능력"(395)으로 '백지 상태tabula rasa'를 만든다. '능동적인 망각의 효용'을 살펴보면 "망각이 필요

한 동물에게 망각이란 하나의 힘, 강건한 건강한 형식"(396)
이다. 반면 인간에게 약속이란 "능동적인 의욕 상태, 일단
의욕한 것을 계속하려는 의욕, 즉 본래적인 의지의 기억인
것이다"(396).

망각은 동물의 상태이다. 그러나 그것에 기억을 부여하
는 것을 기억술이라고 일컫는다. '미래를 미리 마음대로 처
리'하기 위해 '필연적으로 일어나는 사건을 우연적인 사건
과 구분'하고 인과적으로 사고하고 예견하며, 목적과 수단
의 관계를 결정, 계산, 산출하는 법을 배우게 된다. "약속하
는 인간"은 "자신의 미래를 보증할 수 있기 위해" "우선 스
스로 자기 자신의 관념에 대해서조차도 예측할 수 있고 규
칙적이며 필연적인 존재"(396-397)가 되어야 한다.

책임의 유래와 관련해 약속할 수 있는 동물을 기르는 과
제는 "인간을 어느 정도까지는 필연적이고 같은 모양으로
서로 동등하게 규칙적으로, 따라서 예측할 수 있게 만드는
좀 더 상세한 과제를 함축하고 있다"(397). 그렇다면 인간은
어떻게 기억을 갖게 되고 더 나아가 양심을 갖게 되었는가?
'사회적 강제'를 통한 자기 지배, 약속 능력은 주권적 개인

에 대한 논의로 이어진다.

2. 주권적 개인과 양심

'약속하는 동물'로서 인간은 사회적 강제라는 '옷'을 입게
됨으로써 예측할 수 있다. 일반적으로 "인간은 풍습의 도
덕과 사회적 강제라는 의복에 힘입어 실제로 예측할 수 있
게 만들어졌다"(397). 인간은 윤리에 종속됨으로써 타율적
인 존재로 사회구성원이 되어 정치적 활동을 하게 된다. 그
러나 이와는 반대로 주권적 개인은 사회적 윤리에서 벗어
나 자유로운 존재다. 인간의 사회적 성장을 나무에 빗대면
주권성의 획득은 오랜 과정을 거쳐 열매를 맺는 것과 같다.
인간은 사회성, 풍속, 윤리가 수단에 불과하다는 인식을 하
게 됨으로써 "나무에 가장 잘 익은 열매로 주권적 개인을
발견하게 될 것이다. 이는 오직 자기 자신과 동일한 개체이
며, 풍습의 윤리에서 다시 벗어난 개체이고, 자율적이고 초
윤리적인 개체 (왜냐하면 '자율적'과 '윤리적'은 서로 배타적이기 때
문이다), 즉 간단히 말해 약속할 수 있는 자기 자신의 독립적

인 오래된 의지를 지닌 인간이다"(397). 따라서 "실제로 약속할 수 있는 자유롭게 된 인간, 이러한 자유의지를 지배하는 자, 이러한 주권자"(398)는 스스로 약속하는 자, 자신의 믿음을 아끼는 자이다. 자신과 약속하고 자신을 지배하며 자신에 대해 책임을 지는 주권 의식을 지닌 사람을 말한다.

그렇다면 양심이란 무엇인가? 양심은 망각하기 쉬운 동물에게 기억을 새겨 넣는 과정을 통해 형성된다. "어떻게 인간이라는 동물에 기억을 만들 수 있을까? 어떻게 부분적으로는 우둔하기도 하고, 부분적으로는 멍청하기도 한 이 순간적인 오성, 이 망각의 화신에게 언제나 기억에 남는 인상을 각인할 수 있겠는가?"(399).

사실 인간의 기억술만큼 더 잔인하고 무서운 것은 없을 것이다. "기억 속에 남기기 위해서는, 무엇을 달구어 찍어야 한다: 끊임없이 고통을 주는 것만이 기억에 남는다' ― 이것은 지상에서 가장 오래된 (유감스럽게도 가장 오래 지속된) 심리학의 주요 명제다"(400). 결국 "인간이 스스로 기억을 만들어야 할 필요가 있다고 여길 때. 피나 고문, 희생 없이 끝난 적은 없었다"(400). 요약하면 기억을 통해 만들어진 양심이란 인간의 타고난 본성이 아니라 사회적인 강제성에 바탕을 둔 잔인한 고통의 흔적을 담고 있다. '불로 지져서 남은 상흔'이 바로 양심이라는 기억의 기제다.

니체는 기억술의 역사를 다음과 같이 기술한다.

첫째, 가장 잔인한 기억술은 종교행사에서 찾을 수 있다. 모든 종교 의례 가운데 가장 본질적인 의식 형태는 기억이 '잔인성의 체계'인 모든 고통 속에서 기인한다는 점이다. '강력한 기억의 보조수단'인 고통을 담은 금욕주의가 바로 여기에 속한다. 기억을 통해 '관념'을 '지울 수 없고 눈앞에 있는 것', '잊을 수 없는 고정된 것'으로 만든다. 그러한 '고정된 관념'을 통해 '신경과 지성의 모든 조직에 최면'을 걸게 된다.

둘째, 잔인한 기억술은 형법에도 고스란히 체계화된다. "특히 형법의 냉혹함은 인류가 망각을 극복"(400-401)하여 사회적 공동체의 조건을 마련하려는 의도에서 비롯된 것이다. 고대 형벌제도를 살펴보더라도 독일인은 자신의 '천민적 근본본능'과 '야수 같은 언행'을 통제하기 위해 무서운 기억의 수단을 사용했다. 그 결과 기억 덕분에 인간은 이성을 갖게 되고 숙고의 능력을 갖추게 된다.

3. 죄의식과 양심의 가책: 형벌, 고문, 죄책감

니체는 (영국) 도덕계보학자의 입장에 따라 죄라는 도덕적 개념이 부채라는 경제적 개념에서 유래했다는 사실에 주목한다. 독일어 'Schuld(en)'는 두 가지 의미를 함축한다. 하나는 도덕적 개념으로서 죄이고, 다른 한 가지는 물질적 개념(경제적 교환관계)으로서 부채다. 니체는 이 둘의 관계에서 도덕적 죄의 개념이 경제적인 부채에서 유래했다고 본다. 채무를 불이행할 경우 그것에 대한 형벌이 따르게 되는데, '형벌이 일종의 보복으로 의지의 자유와 부자유에 관한 어떤 전제와도 전혀 무관하게 발전해 왔다'는 새로운 관점의 해석을 제시한다. 니체는 죄의 개념을 그 자체로 고찰하지 않고 경제적인 채권, 채무관계에서 발생하는 형벌의 역사를 통해 계보학적으로 밝혀내고자 한다.

"이들 도덕의 계보학자들은, 예를 들어 죄Schuld라는 저 도덕의 주요 개념이 '부채Schulden'라는 극히 물질적인 개념에서 유래되었다는 것을 막연하나마 생각해 본 적이 있었던가? 아니면 형벌이 일종의 보복으로 의지의 자유와 부자유에 관한 어떤 전제와도 전혀 무관하게 발전해 왔다는 것을 막연하나마 생각해 본 적이 있는가?"(402).

형벌을 측정하고 고려할 때 '정의감'에 대한 물음이 제기된다. 정의감은 형벌의 필요성에 대해 "범죄자는 형벌을 받는다. 왜냐하면 그는 달리 행위할 수도 있었을 것이기 때문이다"(403)라는 자유의지를 전제해야 된다.

그렇지만 악행의 주모자가 행위에 책임지고 형벌을 받은 이유가, 죄를 지은 자만이 벌을 받아야 한다는 전제 아래서만 이루어진 것은 아니다. 오히려 형벌은 다른 이유, 곧 '고통스러운 피해에 대해 가해자가 표출하는 분노'로 가해졌다. "이 분노는, 모든 손해에는 그 어딘가에 등가물이 있으며, 심지어 가해자를 고통스럽게 해서라도 실제로 배상받을 수 있을 것이라는 관념에 의해 억제되고 변용되었다. 이 원시적으로 뿌리 깊은, 아마 이제는 더 이상 그 뿌리를 뽑을 수 없을 것인 관념, 즉 손해와 고통은 등가라는 관념은 어디서 힘을 얻었던 것일까?"(403).

무엇보다 니체는 채권자와 채무자 사이의 계약관계에 '손해와 고통의 등가' 개념이 있었고, 이 계약관계가 '권리의 주체' 개념과 함께 존재하여 왔으며 매매, 교환, 통상, 왕래라는 개념의 형식으로 환원되었다고 보았다.

4. 채권 · 채무관계: 계약

니체는 계약관계로부터 약속의 사회적 의미를 끄집어낸다. 곧 약속하는 자에게 기억하게 하는 것이 중요하다. 여기서 '냉혹함, 잔인함, 고통'이 크게 작용한다. "채무자는 자신이 되갚을 것이라는 약속에 신용을 불러일으키기 위해서, 자신이 한 약속의 진지함과 성스러움을 보증해 주기 위해서, 그리고 자기 자신에게는 상환을 의무나 책임으로 자신의 양심에 새기기 위해서, 계약의 효력은 그가 상환하지 못할 경우 채권자에게 그가 그 외에 '소유'하고 있는 어떤 것, 그 밖에 그의 권한에 있는 것을, 예를 들면 자신의 육체나 자신의 아내 혹은 자신의 자유 또는 자신의 생명 역시 저당 잡히는 것이다"(404). 그래서 만약 채무자가 빚을 되갚지 않을 경우, 채권자는 채무자에게 그에 상응한 고문을 할 수 있었다. "특히 채권자는 채무자의 육체에 온갖 종류의 능욕과 고문을 가할 수 있었다. 예를 들면 부채 액수에 적합해 보이는 크기만큼 그의 육체에서 살로 도려낼 수 있었던 것이다: 오래전부터 곳곳에서는 이러한 관점에서 사지 하나하나와 신체의 각 부분을 정확하게, 부분적으로는 무서울 정도로 세세하게, 합법적으로 가격을 산정해 왔다"(404).

여기서 교환을 위한 등가는 바뀌게 된다. 곧 "손해에 대해 직접적인 이익을 받는 대신 (즉 금전이나 토지, 어떤 종류의 소유물로 보상을 받는 대신) 채권자에게는 배상이나 보상으로 일종의 쾌감을 누릴 권한이 주어졌다. 이로써 자신의 권력을 무력한 자에게 마음껏 발휘할 수 있다는 쾌락"을 누리게 된다. 그것은 "악을 저지르는 즐거움을 위해 악을 저지른다'라는 육욕적 쾌락이기도 하고 폭행을 즐기는 것이기도 하다"(405).

채권자는 형벌을 채무자에게 가함으로써 일종의 지배권에 참여한다. 그래서 그는 채무자를 '아래에 있는 존재'로 경멸, 학대할 수 있다는 '우월감'을 맛볼 수 있다. 이렇듯 '보상'은 '잔인함을 지시하고 요구하는 권리를 가지고 있다는데'서 성립한다. 채무법에서 '죄', '양심', '의무'(의무의 신성함) 등과 같은 도덕적 개념이 발생하게 되었다.

도덕적 가치에는 이러한 법률적 관계에서 유래한 잔인함이 들어 있다. 정언명법을 통해 처음으로 '죄와 고통이라는 무서운 관념의 결합이 고정'되었기 때문에 니체가 주목한 것은 타인을 '고통스럽게 만든다는 것'이 '진정한 축제'의 핵심이었다는 점이다. 우리는 "잔인함이 고대인의 성대한 축제의 환락을 이루고 있었는지"(406) 주목할 필요가 있다. 문화의 특징인 '잘 길들여진 가축'을 위해 '고급문화의 역사 전체를 관통하는' 과정에서 "잔인함이 점점 더 정신화되고 신성화되는 것"(407)에 주목할 필요가 있다. '사형, 고문, 이단자의 처형 없이 가장 큰 규모의 제후의 결혼식이나 민족 축제를 생각할 수 없'듯이, "잔인함 없는 축제란 없다: 인간의 가장 오래되고 긴 역사는 이렇게 가르치고 있다. 그리고

실로 형벌에서도 축제적인 것이 많이 있다!"(408).

니체는 잔인성을 향한 욕망을 순수하고 정상적인 것으로 간주하며 긍정했다. 원래 잔인함을 부끄럽게 여기지 않았던 시대 이후, 인간에 대한 수치심이 커지는 상황이 확산되었다. "'인간'이라는 동물이 결과적으로 자신의 모든 본능을 부끄럽게 여기게 된 병적인 유약화와 도덕화" 때문에 삶 자체가 무미건조해졌다. 사람이 잔인함에 대해 쾌감을 가졌던 이유는, "사람들은 고통스럽게 만드는 것 없이는 지낼 수가 없었으며, 그 안에서 최고의 매력을, 삶에 이르는 진정한 유혹물을 보았기 때문이다"(409).

모든 고통에는 의미가 따른다. 따라서 무의미한 고통이란 전혀 존재하지 않는다. 사람이 견딜 수 없는 것은 고통 자체가 아니라 '고통의 무의미함'이다. "고통 속으로 비밀스러운 구원 장치 전체를 집어넣어 해석한 그리스도교에게도, 모든 고통을 방관자의 입장이나 고통스럽게 만드는 자의 입장에서 해석할 줄 알았던 고대의 소박한 인간에게도 그러한 무의미한 고통이란 전혀 존재하지 않았다"(410).

원래 죄와 의무라는 두 감정은 기원을 보면 파는 자와 사는 자, 곧 채권자과 채무자의 관계에 근거한다. 이러한 저급한 문명에서 개인은 다른 개인과 관계 맺음을 통해 "값을 정하고 가치를 측정하고 등가물을 생각해 내며 교환하는 것 — 이것은 어떤 의미에서는 사유라고 할 수 있을 만한 인간의 원초적 사유를 미리 지배하고 있었다"(412).

"인간이란 가치를 재고, 평가하고 측정하는 존재, '평가하는 동물 자체'로 묘사된다. 사고파는 것은 심리적인 부속물과 더불어, 심지어는 어떤 사회의 조직 형태나 집단의 시초보다 도 더 오래된 것이다: 오히려 교환, 계약, 죄, 권리, 의무, 보상 등의 감정의 싹은, 동시에 힘과 힘을 비교하고 측정하고 계산하는 습관과 더불어, 개인의 권리라는 가장 초보적 형식 에서 이제 가장 조야하고 원시적인 사회 복합체 (다른 유사한 복합체와 비교하며)로 이행했다"(412-413).

사물에 가치를 매기고 비교, 측정하는 인간의 능력과 함께 모든 사물은 '가격'을 지니게 되고, '모든 것은 대가로 지불될 수 있다는 중요한 일반화'에 이르게 된다. 이러한 일반화가 정의의 가장 오래되고 소박한 도덕의 규준이며, 모든 '공정', '선한 의지', '객관성'의 단초이다. "이러한 최초 단계에서의 정의란 거의 동등한 힘을 지니고 있는 사람들 사이에서 서로 타협하고 조정을 통해 다시 합의'하려는 좋은 의지이다. ― 그리고 힘이 열등한 자에 한해 말하자면, 그들 상호 간에 조정할 수 있도록 강제하는 선한 의지인 것이다"(413).

개인과 개인의 관계뿐 아니라 "공동체와 구성원의 관계역시 채권자와 채무자의 관계라고 하는 저 중요한 근본관계 속에 있다. 사람은 공동체 속에 살고 있으며 공동체의 이익을 누리고 있다"(413). 그 원리는 바로 정의의 이념이다.

5. 정의와 처벌: 자기 지양

정의가 계약에 따라 받은 것의 되갚는 것을 전제로 하기 때문에, '계약을 파기한 자', '약속을 파기한 자'는 범죄자다. 공동체 생활에서 중요한 재산과 편익에 대해 파괴자로서 받은 이익을 상환하지 않는 것은 정의의 원칙에 위배되는 것이다. 빌린 것을 모두 갚지 않은 경우, 곧 계약파기의 경우 보상의 문제가 등장한다. "이제부터 당연히 이러한 모든 재산과 이익을 상실하게 될 뿐만 아니라 ― 오히려 이제는 이러한 재산이 얼마나 자신에게 중요한 것인가를 기억하게 될 것이다. 손해를 입은 채권자인 공동체의 분노는 범죄자가 지금까지 받았던 보호에서 야만적이며 법률의 보호 밖에 놓인 상태로 그를 다시 되돌려 보낸다. 공동체가 그를 몰아내는 것이다"(414). 결국 적의와 분노는 '문명화'의 단계에서 "'형벌'이란 모든 권리와 보호뿐만 아니라, 모든 은혜마저 상실했고 증오를 받으며 저항할 능력이 없어져 버린 굴복당한 적에게 취해지는 정상적인 조치를 단순히 모사한 것이며 흉내 낸 것일 뿐이다"(414). 그러나 이러한 무자비함과 형벌에는 전쟁의 제물을 바치는 의식을 포함한 전승 축제의 요소가 들어 있다. 모든 것을 되갚아야 한다는 정의의 원리에서 권한(보상) 약속에 따른 계약이 파기될 경우 손상된 권한에 보상이 반드시 이루어져야 된다.

그러나 이러한 잔인한 처벌은 공동체의 존재방식과 관련된다. 공동체의 힘이 약할 때 처벌이 엄격하게 실행되지만,

"공동체는 힘이 강해짐에 따라 개인의 위법 행위를 더 이상 그렇게 중요하게 여기지 않는다. 왜냐하면 그러한 위법 행위는 더 이상 그전만큼 공동체 전체가 존립하는 데 위험하고 전복적인 것으로 간주되지 않아도 되기 때문이다: 범죄자는 더 이상 '평화가 없는 상태에 놓이거나' 추방당하지 않게 된다"(415).

이제는 더 이상 일반의 분노를 개인에게 퍼부을 수 없고 범죄자는 '직접적인 피해자의 분노' 앞에서 '방어'되고 '보호'된다. 분노를 조정하는 작업의 과정이 형법에서 이루어진다. "먼저 범죄 행위를 당한 당사자의 분노를 진정시키기 위한 타협, 사건을 국한시켜 더욱 확산되고 일반화되는 관여나 동요를 예방하고자 하는 노력, 등가물을 찾아 소송 전체를 조정하려는 시도(조정 작업compositio), 특히 모든 범죄를 어떤 의미로든 변상할 수 있는 것으로 간주하고 최소한 어느 정도까지는 범죄자와 그의 행위를 분리하고자 하는 의지가 더욱 구체적으로 나타나는 것 — 이것은 형법이 좀 더 장기적으로 발전되는 과정에서 더욱 명확하게 각인되는 특징들이다"(415).

공동체가 안정화될수록 처벌은 완화된다. 채권자가 부유해질수록 채무자에게 빚을 요구하지 않고 관대해질 수 있는 것처럼 말이다. '가해자를 처벌하지 않고 내버려 두는 것'은 정의와 관련해 사회적인 힘이 강하다는 것을 뜻한다. 역사적으로 볼 때 형벌은 점점 인간화됨으로써 처벌이 완화되는 추세가 만들어진다.

"공동체의 힘과 자기의식이 커감에 따라 형법 또한 더욱 완화된다. 공동체의 힘이 약화되고 위기가 심화됨에 따라 그 엄격한 형식은 다시 드러나게 된다. '채권자'는 좀 더 부유해질수록 좀 더 인간적이 되었다. 결국은 괴로움을 겪지 않고 얼마나 그 침해를 견딜 수 있는가 하는 것이 그의 부유함을 재는 척도이기도 하다. 그 사회의 가해자를 처벌하지 않고 내버려 두는 것 ― 이와 같이 사회를 위해 존재하는 가장 고귀한 사치를 허용할 수 있는 사회의 힘의 의식이라는 것도 생각해 볼 수 없는 것은 아니다. 그때 사회는 '내 기생충이 도대체 나와 무슨 상관이 있다는 말인가? 살면서 번성하도록 놓아 두자. 내게는 아직 충분한 힘이 있다!'고 말할 것이다…"(415-416).

요약하면, 처벌하지 않는 자비Gnade가 정의의 궁극적인 지향점이 된다. 예를 들어 공동체가 약해지면 전쟁의 경우 처벌이 엄격해지지만, 공동체의 힘이 강해지면 처벌하지 않는다. 정의의 자기 지양은 범죄자를 용서하는 강한 자의 특권이다.

"'모든 것은 변상될 수 있다. 모든 것은 변상되어야만 한다' 라는 명제로 시작된 정의는 잘못을 너그럽게 관용하며 지불할 능력이 없는 자들을 그저 방임함으로써 끝난다. 정의는 지상의 모든 선한 것과 마찬가지로. 자기 자신을 지양하는 것으로 끝난다. 이러한 정의의 자기 지양: 이것이 어떤 미명으로 불리는지 사람들은 알고 있다. 이것이 자비이다. 그 자체로 잘 알려져 있듯이, 이것은 좀 더 강한 자의 특권이며, 더 잘 표현한다면, 그가 가진 법의 저편이다."

6. 공정함, 정의, 법

니체는 정의를 원한이라는 감정에서 찾고자 하는 심리학적 연구에 반박한다. 특히 니체는 정의(공정성)와 원한과 관련해 "정의의 기원을 완전히 다른 지반 위에서 ―즉 '원한'의 지반 위에서― 찾고자 하는 최근에 나타난 시도를"(416) '반박'한다. 도덕의 계보는 원한, 복수심 등 반동적 감정을 보편화하려고 시도한 영국인들의 연구를 지칭한다(뒤링E. Dühring에 대한 비판에서 반동적 감정은 정의와 같은 적극적 감정을 통해 극복되어야 한다). 니체에 따르면 과학적 공정성도 원한 정신(증오, 질투, 시기, 불신, 숙원, 복수) 자체에서 유래했다.

니체는 지배욕, 소유욕과 같이 능동적인 감정과 수동적인 감정을 구분한다. 오이겐 뒤링의 책에서 "정의의 고향은 반동적 감정의 영역 위에 찾을 수 있다"(417)는 명제에 대해, 이러한 '정의의 신'은 바로 '반동적 감정의 영역'일 뿐이라고 비판한다. 원한이라는 '식물'이 성장한 복수를 정의의 이름으로 '신성시'하려고 시도한 뒤링의 견해를 반박하고 공정성, 정의를 능동적인 감정으로 규정하고자 한다.

법이란 복수심에 따른 자력구제의 금지다. 법에 대한 복종은 복수를 단념하고 자신의 권한에 공적인 폭력을 허용하는 것이다. 니체에 따르면 법이란 금지이며 불법적인 폭력이다. 그래서 원래 법에 대한 복종은 자기의 권리 상실에 따른 치욕이다.

"법에 대한 복종: 지상 곳곳에 있는 고귀한 종족들은 스스로 복수를 단념하고 스스로에 대한 권한에 폭력을 사용하도록 허용하는 데 얼마나 양심의 저항을 느꼈던 것일까! '법'이란 오랫동안 하나의 금지였으며, 불법이었고, 혁신이었다. 그 것은 폭력으로 나타났고, 그 폭력에 복종하는 것을 사람들은 스스로에 대한 치욕으로만 여겼다"(475).

정리하면 올바름은 반동적인 태도가 아니라 적극적인 태도로서 보복, 원한에 오염되지 않은 객관적인 태도인 공정함을 말한다. 능동적 인간은 편파적이지 않고 악의도 없이 훌륭한 양심으로 판단한다. 반대로 반동적 인간은 양심의 가책인 원한으로 판단한다. 법은 반동적 인간의 영역이 아닌, 능동적, 강한, 자율적인, 공격적인, 지배적인 인간의 영역에 있다.

"올바른 태도를 지닌다는 것은 언제나 적극적인 태도인 것이다. 개인적인 훼손, 모욕, 비방을 당할지라도 올바른 눈, 즉 심판하는 눈이 가진 높고도 맑은, 깊고도 부드럽게 응시하는 객관성이 흐려지지 않는 것이라고 진실로 여긴다면, 이것이 야말로 지상에서의 완성품이며 최고의 원숙함이다"(418).

가장 올바른 사람의 공정성과 관련해 니체는 능동적 인간과 반동적 인간관을 구분한다. "능동적인 인간, 공격적이고 지배적인 인간은 언제나 반동적인 인간보다 백 걸음 정도나 더 정의에 가깝다. 그러한 능동적인 인간에게는 반동적 인간이 하거나 할 수밖에 없는 방식으로, 대상을 그릇되게 편파적으로 평가할 필요가 전혀 없는 것이다. 그러므로 사실상 어느 시대나 공격적인 인간은 좀 더 강하고, 좀 더 용기 있고, 좀 더 고귀한 인간으로 또한 좀 더 자유로운 눈과 좀 더 훌륭한 양심을 자신의 편에 지녀 왔던 것이다"(418). 이와는 반대로 양심의 가책을 발명한 자는 바로 원한의 인간이다. 역사적으로 볼 때 지금까지 법의 운용에서 '법에 대한 진정한 요구'는 '반동적인 인간의 영역'에서가 아니라 오히려 '능동적인 인간, 강한 인간, 자율적인 인간, 공격적인 인간의 영역'에서 더욱 제기되었다.

반동적인 감정이 아닌 능동적인 힘에 근거한 '법은 반동적인 감정과의 투쟁'이자 싸움이다. 지상에서의 법은 능동적이고 공격적인 힘으로 반동적인 감정에 맞서 강제적으로 절도 있게 타협하게 하는 힘이자 "정의가 행해지고 올바로 유지되는 곳에서는 … 더 강한 힘이 약한 자의 불합리한 원한"(419)을 종결짓는 수단이다. '권력은 충분한 힘을 통해 법률을 제정하여, 무엇이 허용되고, 무엇이 금지되고 부당하다고 여겨지는지를 명령하는 포고이다.' 법률의 제정이 있다면 자의적인 행위를 통한 법률 위반, 저항뿐만 아니라 피해자의 복수의 관점에서 벗어나게 해 준다. 따라서 사람의 눈이 복수하는 것 대신에 '행위를 더욱더 비개인적으로 평가하도록 훈련'받을 뿐만 아니라 피해자의 눈도 훈련받는다. 법률이 제정된 다음에 '옳음'(법)과 '옳지 않음'(불법)이 있게 된다. 법과 불법은 법이 제정된 후에 의미가 있는 것이며, 삶 그 자체는 법과는 무관한 영역이다. 삶의 의지를 제약하는 예외적인 상태가 바로 법률적인 상태이다.

"삶이란 본질적으로, 즉 그 근본 기능에서 다치기 쉽고 폭력적이며 착취적이고 파괴적으로 작용하며, 이러한 성격 없이는 전혀 생각할 수 없는 것인 한, 당연히 침해, 폭력, 착취, 파괴란 그 자체로 '불법적인 것'이 될 수 없다. 우리는 심지어 더욱 의심스러운 다음의 사실을 인정해야만 한다: 최고의 생물학적인 관점에서 보면, 법률 상태란 힘을 목적으로 하는 본래의 삶의 의지를 부분적으로 제약하는 것으로 그리고 그 전체 목적에 예속된 개별적인 수단으로, 즉 더 거대한 힘의 단위를 창조하는 수단으로 언제나 예외적인 상태일 뿐이라는 것이다"(420).

뒤링에 따르면 법이 투쟁에 '사용'되는 수단이 아니라 투쟁을 '방지'하는 수단으로 된다면 삶에 적대적인 원리, 인간 파괴의 원리가 된다.

7. 형벌의 목적은 합목적이지 않고 우연적이다

영국의 도덕의 계보학이 '형벌의 기원과 목적'에서 형벌의 목적을 찾고자 한 시도는 잘못되었다. 니체는 형벌이 합목적적인 것이 아니라 우연적인 것이라고 보고 있다. 법은 개별수단이지 뒤링처럼 일반수단이 아니다. 모든 것은 우세한 힘에 의해 새롭게 '해석'되어 새로운 효용성을 갖게 된다. 따라서 모든 것은 제압과 지배를 통해 예전의 것을 지우고 새로운 것을 세우는 해석이자 정돈이다.

그러나 형벌도 유기체의 목적처럼 '처벌하기 위해 고안된 것'으로 잘못 생각되었다. 제도의 목적을 발생근거에서 볼 때 모든 효용성이란 "하나의 힘에의 의지가 좀 더 힘이 약한 것을 지배하게 되고, 그 약한 것에 그 스스로 어떤 기능의 의미를 새겼다는 표시에 불과하다"(422). 따라서 형벌은 하나의 우연적이며 유동적인 해석이다. "어떤 '사물', 어떤 기관, 어떤 관습의 역사 전체도 이와 같이 항상 새로운 해석과 정돈이라는 계속되는 기호의 연쇄일 수 있으며, 그 해석과 정돈의 원인은 서로 연관성을 가질 필요가 없으며, 오히려 사정에 따라서는 단지 우연하게 일어나고 교체될 뿐이다"(422). 따라서 발전이란 하나의 목적을 향한 논리적이고 짧은 진보과정이 아니다. '제압과정의 연속'에서 반대한 저항, "방어와 반反작용을 목적으로 시도된 형식의 변화이자, 또한 성공한 반대 활동의 성과이기도 하다. 형식은 유동적이지만, 그러나 '의미'는 더욱 유동적이다"(422). 형벌의 의미도 마찬가지다.

생리학, 생명이론 등 과학에 대한 비판에서 적응, 반동성이 생명의 본질은 아니다. 생리학, 생명이론을 관철하는 객관적인 과학의 영향을 받아 스펜서를 포함해서 진화론자들이 오해하는 개념은 생명의 본질을 외적인 환경에 적응해 가면서 증가하는 반동성으로 이해하는 것이다. 즉 삶에서 진정한 능동성을 제거한 것이다. 그러나 삶이란 진정한 능동성이지 이차적 능동성으로서의 반동성이 아니다. 생명에서 '진정한 능동성'의 개념을 없애고, '적응'이라는 '이차적인 능동성', '단순한 반동성' 개념을 사용해 '삶 자체'를 '외적인 환경에 대해 점점 더 합목적성을 더해 가는 내적인 적응'으로 본 스펜서는 생명의 본질을 오해한 것이다.

사실은 적응도 반동적인 힘이 아닌 적극적인 힘, 다시 말해 새로운 해석, 방향설정, 조형하는 힘에 의해 이루어진다. 환경에 대한 단순한 적응은 생명 안의 능동적이고 형식을 부여하는 의지의 역할을 부정하는 것이다. 따라서 스펜서와는 반대로 "자발적이고 공격적이며 침략적이고 새롭게 해석하며 새롭게 방향을 정하고 조형하는 힘들이 힘들의 작용으로 비로소 '적응'도 이루어진다. … 이 정의는 유기체 자체의 내부에서 생명에의 의지가 능동적이고 형식을 부여하는 형태로 나타나는 최고 기관의 지배적인 역할을 부정하는 것이다"(424).

정리하면 (법률) 계보학자에 대한 비판의 내용은 목적론에 대한 거부다. 형벌은 처벌을 목적으로 고안된 것이 아니라 우연적이고, 불분명하며, 부가적이다. '의미들'의 전체 종합—'정의할 수 없는 일종의 통일체'로 결정화, 기호학—으로서의 형벌에서 "형벌의 의미가 얼마나 불분명하며 추가로 덧붙는 것인지, 얼마나 우연적인지"(425)가 중요하다. 그 예는 축제로 적을 능욕하고 조롱하는 것, 기억을 새기는 것, 복수로부터의 보호, 복수 상태와 타협하는 형벌이 있다.

손해배상, 감정배상, 이익조정과 관련해 형벌의 효용성은 —죄지은 사람에서 죄책감을 느끼도록— '양심의 가책', '회한' 등 정신적 반응을 일으키는 데 있다. 곧 죄인이 '양심의 가책을 느낀다는 것'이다. — "형벌이란 사람들을 무감각하게 단련하며 냉혹하게 만든다. 형벌은 사람을 집중하게 만든다. 형벌은 소외감을 격화시킨다. 형벌은 저항력을 강화한다"(427).

자연에서 '원칙적으로 허용되는 강탈, 폭압, 능욕, 감금, 고문, 살해 등'에 대해 재판관이 그 자체로 비난하거나 처벌해야 하는 행위로 생각하는 것이 아니라, '양심의 가책'을 적용하기 위한 관점에서 범죄로 보는 것이다. '양심의 가책'이라는 우리 지상의 식물들 가운데 가장 섬뜩하고 흥미로운 이 식물은 이러한 토양 위에서 성장한 것이 아니다. 양심의 가책은 죄인과 연관되어 있던 본래의 의식이 아니었다. 양심의 가책이라는 식물은 죄와는 근원적으로 다른 토양에서 자란다.

스피노자에 따르면 신은 선한 이성이며 세계는 순진무구

한 것이다. 양심이나 가책, '내적인 고통'에 물들지 않은 세계였다. '양심의 가책'에 관해 의문을 제기할 때, '신은 모든 것을 선한 이성 아래서 행한다'는 스피노자는 세계를 양심의 가책이 고안되기 전의 순진무구한 상태로 되돌려 바라보았다. 따라서 '나쁜 일이 일어났구나' 하는 느낌이었지, '그런 일을 하지 말아야만 했을 것'과 같은 가책의 느낌은 아니었다.

형벌의 효과 중 하나가 양심의 가책을 느끼게 하는 것이다. 그 외에도, '형벌의 본래 효과'는 '신중함을 강화시키'고, '기억을 연장시킨다'는 점에서 일종의 '개선'을 가져온다. '공포심이 커짐으로써' '욕망을 지배하는 것'이다. 그러나 형벌은 인간을 '길들'이지만, 그렇다고 '더 나은 존재'로 만들지도 않는다. '영리'해지는 것이 아니라 '우둔'해지는 것처럼 오히려 더 나쁘게 되는 경우도 있다. 니체는 "양심의 가책을 인간이 일반적으로 경험했던 모든 변화 중에서도 가장 근본적인 저 변화의 압력 때문에 빠져들 수밖에 없었던 심각한 병이라고 간주한다. — 저 변화란 인간이 결국 사회와 평화의 구속에 갇혀 있다는 사실을 알았을 때의 변화를 말한다"(430). 인간은 이제 본능의 가치를 잃고 결국 의식으로 축소된 불행한 삶을 살게 된다. '본능의 가치를 상실'하여 "불행한 인간인 그들은 사유, 추리, 계산, 인과의 결합으로 축소되었고, '의식'으로, 즉 그들의 가장 빈약하고 가장 오류를 범하기 쉬운 기관으로 축소되었다!"(431).

8. 내면화로서의 양심의 가책

내면화가 바로 양심의 가책을 만들어 내는 과정이다. 양심의 가책의 기원에 대해 니체는 다음과 같이 말한다. "밖으로 발산되지 않는 모든 본능은 안으로 향하게 된다. ― 이것이 내가 인간의 내면화라고 부르는 것이다: 이것으로 인해 후에 '영혼'이라고 불리는 것이 인간에게서 자라난다. 처음에는 두 개의 피부 사이에 펼쳐진 것처럼 얇았던 내면 세계 전체가 인간이 밖으로 발산하는 것이 저지됨에 따라 더 분화되고 팽창되어 깊이와 넓이와 높이를 얻게 되었다. 오래된 자유의 본능에 대해 국가조직이 스스로를 방어하기 위해 구축한 저 무서운 방어벽은 ―특히 형벌도 이러한 방어벽에 속한다— 거칠고 자유롭게 방황하는 인간의 저 본능을 모두 거꾸로 돌려 인간 자신을 향하게 하는 일을 해냈다. 적의 잔인함과 박해, 습격이나 변혁이나 파괴에 대한 쾌감 — 그러한 본능을 소유한 자에게서 이 모든 것이 스스로에게 방향을 돌리는 것, 이것이 '양심의 가책'의 기원이다"(431-432).

양심의 가책이란 지하의 본능이다. 양심이 외부의 적과 저항이 없는 상태에서 관습의 협소함과 규칙성에서 스스로를 찢고 박해하고 물어뜯고 흥분시켜 죄인을 만들어 낸 것이다. 죄인은 '자신의 감옥'에 갇혀 스스로 고문하고 학대하는 쇠약한 자이다. 그것과 "더불어 인류가 오늘날까지 치유하지 못하고 있는 가장 크고도 무시무시한 병, 즉 인간의 인간에 대한, 자기 자신에 대한 고통이라는 병이 야기되었던 것이다"(432). 그래서 "자신의 힘과 쾌락과 공포의 기반이었던 오래된 본능에 선전포고한 결과"(432), 동물의 영혼이 스스로 등을 돌리는 반대현상이 생겨난다.

이러한 자기 본능으로부터 소외된 반자연화의 감정 상태가 자신을 향한 증오, 양심의 가책, 자기 학대이다.

'기계장치'인 국가는 바로 양심의 가책의 제도적 기원이다. 양심의 가책은 국가가 없이는 성장할 수 없다. 양심의 가책에서 죄, 책임, 숙고의 의미가 삽입되었는데, 양심의 가책이라는 추악한 식물은 국가라는 지배 조직 없이 성장할 수 없었다.

양심은 자기 유폐, 자기 학대, 자기 분열, 자기희생, 자기 부정이다. 곧 불치병이다. "폭력으로 잠재적인 것이 되어 버린 이러한 자유의 본능 ─ 우리는 이 점을 이미 알고 있지만 억눌리고 뒤로 물러나고 내면세계로 유폐되어 마침내 오직 자기 자신에게만 발산하고 드러내게 되는 이러한 자유의 본능: 오로지 이것이야말로 양심의 가책의 시작인 것이다"(435). 그 결과 "양심의 가책을 만들어 내고 부정적인 이상을 건설하는 것"(435), 스스로 '괴롭히는 쾌감', '스스로를 괴롭히며 의도적으로 스스로 분열하는 영혼'이 바로 '능동적인 양심의 가책'인 것이다. 양심은 무아(자기가 없는 자), 자기부정, 자기희생을 통해 느끼는 잔인함의 쾌감이다. 양심의 가책, 자기 학대를 하고자 하는 의지는 '비이기적인 가치'를 낳는 전제가 된다. 요약하면 양심의 가책이란 자신을 끊임없이 학대하는 하나의 불치병이다.

9. 조상에 대한 채무 의식

양심의 기원인 부채 의식, 죄의식은 어디서 유래하는가? 채권, 채무자 관계는 조상에 대한 부채, 채무 의식으로 확대될 수 있다. '채무자의 채권자에 대한 사법적인 관계'는 '조상'에 대한 관계와 뒤섞여 해석되었다. "현재의 세대는 앞선 세대, 특히 종족의 기초를 세운 최초의 세대에게 어떤 법률적인 의무를 지고 있음을 언제나 인정한다(이것은 결코 단순한 감정상의 채무가 아니다: 이러한 감정상의 채무는 인류 일반이 오랫동안 존속하는 한 이유 없이 부정해서는 안 될 것이다). 여기에는 종족이 철저히 조상의 희생과 공헌에 의해서만 존속한다는 확신이 — 희생과 공헌으로 이것을 그들의 조상에게 지불해야 한다는 확신이 지배한다: 즉 이것은 부채를 승인한다는 것이다"(437).

따라서 '채권자'에 대한 상환, 부채 의식은 '선조와 그의 힘 앞에서 느끼는 공포'가 종족 힘이 커지는 것과 비례하여

커진다. "이렇게 가장 강력한 종족의 선조는 자라나는 공포 자체의 상상으로 마침내 어마어마한 존재로 커 가고, 신적인 무서움과 상상할 수 없는 어둠 속으로 밀려들어 갈 수밖에 없게 된다: 선조는 마침내 필연적으로 하나의 신으로 변형되는 것이다. 아마도 여기에 신들의 기원 자체, 공포로부터의 기원이 있을 것이다"(438).

결국 그들의 창시자와 선조들에게 상환되는 고귀한 특성이 이자까지 붙어, 점차 죄의식으로 발전되어 확대된다. 처음에는 종족신, 부족신에서 출발한 신적인 것에 부채를 지고 있다는 의식은 "아직 지불하지 않은 부채 부담의 유산과 그와 같은 것을 상환하려는 열망의 유산도 덧붙여 이어받았다"(439).

10. 신에 대한 채무감: 죄의식의 발전

덧붙여 설명하면 조상에 대한 채무감은 신(일신교)으로 발전하면서 더욱 확대되고 보편화된다. '신에 대한 채무 감정'은 수천 년에 걸쳐 성장해 왔고 '신의 관념과 신에 대한 감정이 성장하고 고양되는 것에 정비례하여 계속 성장했던 것이다.' 그것이 바로 '보편적인 신'으로 나아가는 '일신교'의 근본적인 특징이다. 특히 그리스도교는 채무 의식, 죄의식에서 생겨난다(제1원인). 그리스도교의 출현으로 채무 감정이 비로소 지상에 나타난다. 그와 함께 '태초에 제1원인에 부채가 있다'는 감정인 죄의식도 고착화된다.

비판적으로 볼 때 '죄', '의무'라는 개념과 종교적인 전제의 연관성에 대해 '도덕화하는 작업'은 양심으로 되돌리는 것, 정확히 말해 양심의 가책을 신의 개념에 연관 짓는 것을 말한다. '채권자인 신에 대한 믿음'이 있는 한 죄, 의무와 같은 도덕적 개념은 사라질 수 없다. 죄와 의무라는 개념을 도덕화하여, 양심의 가책으로 되돌리면서 "부채를 종국적으로 상환하려는 전망은 영원히 비관적으로 닫아 버릴 수밖에 없게 된다"(440-441). 따라서 그 운동을 완전히 정지시키거나 역전시키는 일이 불가능해진다.

"이제 저 '죄'나 '의무' 같은 개념들은 뒤로 향하지 않을 수 없게 된다. 도대체 누구를 향한 것일까? 의심할 여지없이 그것은 먼저 '채무자'를 향했던 것이며, 이제 양심의 가책은 그런 식으로 채무자에게 뿌리를 내려 침투하고 확장해 나가고 무좀처럼 넓고 깊게 성장하며, 그 결과 마침내는 부채를 해결할 수 없다는 것과 더불어 속죄도 해결할 수 없다는 생각, 즉 보상이 불가능하다는('영원한 벌'의) 사상이 배태된 것이다. 그러나 마침내 그 사상은 심지어는 '채권자'를 향하게 되기까지 한다. 이 점에 대해서는 이제 인간의 제1원인을, 인류의 시초를, 이제 저주에 사로잡히게 된 인류의 시조('아담', '원죄', '의지의 부자유') … 모태에서 인간이 생겨나면서, 악의 원리가 투입된 자연 '자연의 악마화'"를 말하게 된다(441).

채권자 스스로 채무자의 빚을 대신 갚는다는 대속자의 개념이 신으로 등장한다. "신 스스로가 인간의 죄 때문에 자기를 희생한다. 신 스스로가 자신을 자기 자신에게 지불한다. 신이란 인간이 상환할 수 없게 된 것을 인간에게서 벗어나 상환할 수 있는 유일한 존재이다. — 사랑에서(이것을 믿어야만 할까), 자신의 채무자에 대한 사랑에서 채권자가 자신의 채무자를 위해 자신을 희생한다!"(441) 채권자로서

신이 인간이라는 채무자의 빚을 대신 갚아 줌으로써 절대로 상환될 수 없다는 점에서 인간의 부채(죄)는 영원한 벌이 된다.

양심의 가책은 '자신을 괴롭히려는 의지'를 내면화하며 자기 안에서 동물적인 인간을 길들이기 위해 국가라는 잔인한 제도를 필요로 한다. '스스로에게 고통을 주기 위해 양심의 가책을 고안'해 낸 것이다. 국가는 양심의 가책을 통한 자기 고통과 자기 고문의 제도적 장치인 것이다. "양심의 가책을 지닌 이러한 인간은 자기 고문을 소름 끼칠 정도의 냉혹함과 준엄함으로 몰고 가기 위해, 종교적 전제를 자기 것으로 만들었다. 신에 대한 죄책감: 이 사상은 인간에게는 고문의 도구가 된다"(442). '신에 대한 죄'로 자연성을 부정하고 모든 사실을 '벌과 죄'로 생각한 것은 정신적 잔인함 속에 자리 잡고 있는 그 무엇과도 견줄 수 없는 일종의 의지의 착란이다. 즉 이것은 스스로를 구원할 수 없을 만큼 죄가 있으며 저주받아야 할 것으로 보는 인간의 의지이다. 이것은 어떤 벌도 죄에는 상응할 수 없기에 스스로 벌을 받아야 한다고 생각하는 인간의 의지이다. 그러나 양심의 가책은 "사물의 가장 깊은 근거를 벌과 죄의 문제로 오염시키고 독을 타려는 인간의 의지이다"(443). '자신이 절대적으로 무가치함'을 분명히 확인하기 위해 "하나의 이상 — '성스러운 신'의 이상을 세우려는 인간의 의지이다"(443). 니체에게 "대지는 너무 오랫동안 이미 정신병원이었다!"(443). '신성한 신'의 기원이 바로 양심의 가책이기 때문이다.

11. 운명과 고통과 죄의식: 그리스인 vs 그리스도교

그러나 악에 대한 그리스인의 생각은 기독교인과 달랐다. 그리스인이 '신들에 대한 관념'을 고안한 것은 '자기 고행'이나 '자기 능력'을 위해서가 아니다. 그리스인들은 '양심의 가책'에서 자신을 떼어 놓고 영혼의 자유를 느낄 수 있었다. 악은 자신에게서 나오는 것이 아니라 운명을 거스른 참담함에서 빚어진다. 죽은 자들이 나쁜 짓을 저지를 때, 스스로 많은 재화와 불운을 원인으로 인정했다. 그리스인이 "인정한 것은 어리석음이지 죄가 아니었다"(445). 그리스인들도 신을 죄와 관련 지어 해석했다. 신을 '악의 원인'으로 이용했지만 '신들은 벌주는 것을 맡은 것이 아니라, 더 고귀한 것, 즉 죄를 맡은 것이다'(445).

지상에서 하나의 이상을 세우기 위해 많은 것이 무너지면서 비싼 대가를 치른다. 그것을 위해 "얼마나 많은 현실이 비방되고 오해되었으며, 얼마나 많은 거짓이 신성화되었으며, 얼마나 많은 양심이 혼란에 빠지게 되었으며, 얼마나 많은 '신'이 그때마다 희생되어야만 했던가?"(446)라고 니체는 묻는다. 하나의 성전을 세우기 위해 다른 성전을 부숴야 한다. "우리 현대인들, 우리는 수천 년간 양심의 해부와 자기 동물성 학대의 상속인이다"(446).

인간은 오랫동안 '자신의 자연적 성향'을 나쁜 눈으로 보아 왔는데, 이러한 성향은 '양심의 가책'과 밀접하게 연결되어 있다. 이것에 대한 정반대의 시도는 강한 사람만이 할 수 있다. '삶에 적대적인 이상이자 세계를 비방하는 자의 이상'은 기존의 이상을 양심의 가책과 연결하는 반자연적인 성향이다. 세계를 비방한 사람은 약한 인간들, 선한 인간들이다.

반자연주의에 대한 반대의 시도를 위해 '다른 방식의 정신', '커다란 건강'(전쟁과 고통을 필요로 하는 위대한 건강)이 필요하다. "그것은 전쟁과 승리로 단련되었으며, 정복, 모험, 위험 그리고 심지어는 고통까지도 필요하게 된 정신이다. 이 정신에 이르기 위해서는 날카로운 고지의 바람과 겨울의 방랑, 어떤 의미에서의 얼음과 산악에도 익숙해질 필요가 있다. 이 정신에 이르기 위해서는 일종의 숭고한 악의조차 필요하며, 커다란 건강에 속하는 극단의 자기 확신성을 갖는 인식의 방자함이 필요하다. 간단하고도 좀 나쁘게 말하자면, 이 커다란 건강이야말로 필요한 것이다!"(447).

이렇듯 '허무를 향한 의지', '허무주의에서 우리를 구원해주는 자'가 미래의 인간이다. "'정오'와 '위대한 결단의 종소리'는 의지를 다시금 자유롭게 만들며, 대지에는 목표를, 인간에게는 희망을 되돌려 준다. 안티크리스트이자 반反허무주의자, 신과 허무를 초극한 이 자. ― 그는 언젠가 올 수밖에 없다…"(448). 현실에서 구원을 가져다주는 것은 더 젊은 자, 더 미래에 있는 자, 더 강한 자인 차라투스트라(무신론자)에게만 허용된 권리다.

제3논문
금욕주의적 이상이란 무엇을 의미하는가?

1. 금욕주의 이상: 성직자의 권력 지배 도구다

'금욕주의적 이상이란 무엇을 의미하는가?'는 사제 권력에 대한 비판을 담고 있다. 금욕주의 이상은 성직자의 권력 지배를 위한 면허증이자 도구다. "성직자들에게는 본래의 성직자적인 믿음이나 그들의 권력의 최상의 도구 또는 권력을 지향하는 '최고의' 면허를 의미한다"(무기). 그들의 '최후의 영예욕'은 '허무를 의욕하는 것'이다.

2. 순결 지키기: 자기 자신 부정

금욕주의적 이상 가운데 하나는 순결이다. 순결과 관능의 관계에 대해 바그너는 긍정적이다. "순결과 관능이 필연적으로 대립하는 것은 아니기 때문이다. 모든 좋은 결혼, 모든 본래의 애정이란 이러한 대립을 넘어서는 것이다"(452-453). 곧 사랑이란 순결과 대립을 넘어서는 것이다. 그러나 관능을 비방하는 자, 순결을 숭배하는 자는 '동물과 천사 사이에 존재하는 불안정한 균형'을 하나의 모순으로 본다. 예술은 최고의 정신화와 관능화를 추구하는데, 자기 자신을 부정하고 말살하는 것이어서는 안 된다. 반면 철학자 쇼펜하우어는 '진정한 철학자'로서 금욕주의 이념을 신봉한다.

3. 관능에 대한 무관심: 칸트 vs 스탕탈

쇼펜하우어의 예술론은 음악의 독특한 지위를 강조한다. 모든 다른 예술과 달리 음악이란 "현상의 모사를 제공하는 것이 아니라, 오히려 의지 자체의 언어를 그것의 가장 독자적이고 근원적이며 본원의 계시로 직접 심연에서 끄집어내어 말하는 것"(459)이다. 쇼펜하우어는 칸트의 입장에 따라 '비개인성', '보편타당성'을 앞세워 예술과 미에 대해 예술가(창작자)의 체험 대신, '관람자의 관점에서' 숙고한다. 곧 관람자의 입장에서 미의 개념을 이해한 것이다.

니체는 미에 대한 칸트의 '미적 무관심'과 스탕달의 '행복의 약속'이라는 상반된 정의를 비교한다. 칸트가 '미란 무관심하게 사람들을 즐겁게 하는 것이다'라고 말하는데, 스탕달은 미를 '행복의 약속'이라고 불렀다. 칸트의 말이 옳은가, 칸트의 미적 상태인 무관심을 거부하고 삭제한 스탕달의 말이 옳은가?

니체는 칸트의 '무관심의 미학'에 반대해 다음과 같이 묻는다. 여성의 관능미를 무관심하게 바라볼 수 있는가? 미의 마력 아래 실오라기 하나 걸치지 않는 여성의 모습을 '무관심하게' 볼 수 있다는 것은 허튼짓이다.* 예술가는 체

---

* 무관심성(Interesselosigkeit)은 칸트의 미학에서 다루어진 개념으로 인간이 대상

험에 더 관심이 있을 것이다.

쇼펜하우어는 무관심을 미적 관조의 효과로 본다. 그것은 성적 관심의 억제, 해방, 고통 없는 에피쿠로스의 상태에 견줄 수 있다. 쇼펜하우어가 『의지와 표상으로서의 세계』에서 칭송한 미적 상태는 "에피쿠로스가 최고의 선이요, 신들의 상태라고 찬미했던 고통 없는 상태이다. 그 순간이야말로 우리는 보잘것없는 의지의 충동에서 벗어나는 것이다. 우리는 의욕의, 고역의 안식일을 축하하며, 익시온 Ixion의 수레바퀴는 조용히 멈추는 것이다"(462). 미적 체험을 통해 삶에 대한 맹목적인 의지에서 구원될 수 있다는 것이다. 쇼펜하우어는 '미의 효과'를 '의지의 진정'으로 기술한다. 그러나 관능적인 행복을 추구한 스탕달의 경우 "미는 행복을 약속한다"(463). 미에 의해 의지와 관심이 자극받는 것은 사실이다. 그러나 니체는 쇼펜하우어를 칸트적인 무관심으로 해석해선 안 된다고 본다. 쇼펜하우어에 대해 "미

을 사사로운 이해관계에서 벗어나서 관조할 때 진정한 미적 쾌락을 얻게 된다는 것이다. 칸트의 무관심성의 미학에 니체는 관능의 미학에서 정면으로 반대한다.

는 관심에서 사람들을 즐겁게 하는 것, 실로 가장 강렬하고 극히 개인적인 관심에서, 즉 고통에서 벗어나려는 고통받는 사람들의 관심에서 나온 것"(463)으로 반박할 수 있다. 미가 고통에서 벗어나려는 관심이듯이, 금욕주의적 이상도 철학자가 고통에서 벗어나려는 관심이다.

4. 결혼에 대하여

니체는 결혼에 대해 '금욕주의적 철학자는 결혼하지 않는다'고 말한다. 금욕주의적 철학자들은 "동물도 자신의 힘을 완전히 방출할 수 있고 최대한의 힘의 감정에 이르는 데 맞는 최선의 좋은 조건들을 본능적으로 추구하는 것"(465)처럼 행복을 지향하지 않는다. 결혼은 행복에 이르는 길이 아니라 불행에 이르는 길이다. 따라서 철학자는 결혼을 회피한다. 결혼은 철학자에게 장애물이며 재난이다. 위대한 철학자 가운데 결혼한 사람은 없다. "헤라클레이토스, 플라톤, 데카르트, 스피노자, 라이프니츠, 칸트, 쇼펜하우어"(465)는 결혼하지 않았으며 "결혼한 철학자는 코미디에

속한다"(465). 단 역설적으로 소크라테스는 "이러한 명제를 입증하려고 아이러니컬하게도 결혼했던 것"이다(465).

부처의 말처럼 출산을 통해 아이가 태어나는 것은 '작은 악령'의 탄생이다. 그와 함께 하나의 구속이 씌워지게 된다. 그래서 부처는 '자유의 정신'을 위해 출가하거나 황야로 가려고 결단할 필요가 있다.

5. 금욕주의는 삶의 부정이 아니라 삶의 긍정이다

금욕주의적 이상이란 철학자에게 어떤 의미가 있는 것인가? 좋은 의미에서 금욕주의는 긍정이다. 금욕주의적 이상이란 생존의 부정이 아니라 자신의 생존만을 긍정하는 것이며, 무관심이 아니라 관심이다. 금욕주의적 이상에서 "철학자는 최고의 가장 대담한 정신성을 추구할 수 있는 최적 조건을 바라보면서 웃음 짓는다. ― 따라서 그는 '생존'을 부정하지 않는다. 그는 이 점에서 오히려 자신의 생존을, 오직 자신의 생존만을 긍정한다. 세계가 망할지언정, 철학은 살고, 철학자도 살고, 나도 살아남으리라"(466)는 불경스러운 소망을 갖고 긍정한다. 금욕주의적 이상의 가치는 철학자 자신에 대한 긍정이다.

니체는 자유로운 새와 구속된 개를 대비한다. 새는 정신의 자유화를 상징하며 청명, 자유, 좋은 공기, 고지의 공기, 건조한 공기를 누리지만, 개는 정신의 구속을 의미하며 지하실의 사슬에 묶여 있다. "동물적 존재는 모두 좀 더 정신화되고 날개를 갖게 되는 고지의 공기처럼, 희박하고 청명하고 자유롭고 건조한 좋은 공기를 생각하며, 지하실 속에 있는 온갖 안식을, 멋지게 사슬에 묶여 있는 모든 개를 생각한다"(467).

6. 금욕주의 이상 세 가지: 청빈, 겸손, 순결

명랑한 금욕주의는 날개를 갖고 '삶의 위로 날아다니는 새'의 자유에 비유할 수 있다.

금욕주의적 이상의 세 가지 '거창한 수식어'는 청빈, 겸손, 순결이다. 그러나 이 세 가지는 그들의 '덕'을 지칭하는 것이 아니며 "최선의 생존과 아름다운 생산성을 이루는 가장 고유하고 자연스러운 조건들이다"(467).

이상적인 금욕주의의 생활이란 외로운 황야에서 사는 삶과 같다. 이 세상의 삶은 '여관의 방 하나'(에픽테투스Epictetus)에 자족하는 삶이다. '관능을 제어'하고 '황야를 향하는 의지를 유지'하는 것, "강하고 독립적인 천품을 지닌 정신이 물러나 외롭게 머물고 있는 황야란 ··· 아마도 자발적인 암흑의 상태, 자기 자신을 피해 가는 것, 소음이나 명예나 신문이나 영향에 대한 혐오, 어떤 사소한 직무나, 일상, 드러내는 것보다는 감춰둘 만한 어떤 것, 그것을 보고 있다는 것이 기분 전환이 되는 무해하고 쾌활한 동물이나 새들과 자주 접촉하는 것, 산과 벗하는 것, 그러나 죽은 산이 아니라, 하나의 눈을 가진 (말하자면 영혼을 지닌) 산과 벗하는 것, 확실히 혼동할 수도 있으면서 책망받지 않고 그 누구와도 이야기를 나눌 수 있는 완전히 모든 사람에게 열려 있는 여관에 있는 방 하나 ― 이것이 여기에서의 황야인 것이다. 아. 그곳은 아주 적막하다"(468).

철학자는 소란, 잡담, 잡동사니를 피해 정적(조용함)을 추구한다. 황야에서 헤라클레이토스가 회피했던 것처럼, '소란스러움', '잡담', '정치', '제국'을 피하고 모든 '오늘날'에 관한 '시장의 잡동사니'를 피한다. 철학자는 '오늘날과 관계되는 모든 것에서 휴식을 취할 필요'가 있다. "우리는 정적과 냉정함을, 고귀함과 요원한 것을, 지나간 것과 그것을 바라보고 있어도 영혼이 스스로 변호할 필요가 없고 잡아맬 필요가 없는 모든 것을 존중한다. ─ 즉 소리 높여 말하지 않더라도 말할 수 있는 것이라면 존중하는 것이다"(469).

철학자는 세 가지의 현란하고 요란한 것을 싫어한다. 명예, 제후, 여성과 거리를 둔다. 철학자는 너무 밝은 빛, 대낮 그리고 자신의 시대를 싫어한다. 왜냐하면 그 빛 안에 그는 그림자로 존재하기 때문이다. "철학자는 아주 미미한 것을 요구한다"(470). 소유하는 것은 소유당하는 것이다. 빛에는 그림자가 따르기 마련이듯 소유하는 자는 그만큼 소유당하게 된다. '소유하는 것이 적을수록 소유되는 일이 적다'(『차라투스트라는 이렇게 말했다』, 〈새로운 우상〉). 소유는 "덕에서, 만족이나 소박함을 지향하는 훌륭한 의지에서 나오는 것이 아니라"(470-471) 국가의 최고 통치자가 요구하는 것이다. "최고 지배자는 오직 한 가지 일에만 의미를 두게 되며 시간, 힘, 사랑, 관심 등 모든 것을 오직 그 일을 위해서만 모으고, 오직 그 일을 위해서만 저장한다"(471).

금욕주의적 태도인 순결의 올바른 의미를 보면 여자를 멀리하는 것이 관능에 대한 가책이나 증오 때문이 아니다. 마치 운동선수가 좋은 성적을 내기 위해 잠시 여자를 멀리하는 것과 같이 진리의 생산성을 위한 순교이다. '중대한 임신기에 있는 여자를 멀리하고자 하는 것'은 '순교자'로서 '진리를 위해 고통받는 것'을 말한다.

미에 대한 관찰과 관련해 쇼펜하우어의 경우처럼 미를 통해 해방의 경험을 할 때 미적 상태로서의 달콤함과 풍요로움인 관능이 사라지는 것이 아니라 변형되는 것이다. 다만 성적 자극으로 의식되지 않을 말뿐이다. 미적 관찰이 관능이라는 요소에서 유래할 수 있다는 점에서, 미와 관능이 동일한 기원을 가질 가능성을 완전히 배제할 수 없다. "관능이란 쇼펜하우어가 믿었던 것처럼, 미적 상태가 나타날 때 소멸하는 것이 아니라. 단지 변형되는 것이며. 성적 자극으로 더 이상 의식에 드러나지 않는 것이다"(472). 니체는 이 주제를 '미학의 생리학'에서 깊이 다루고 있다.

금욕주의를 긍정적으로 바라보면 엄격하고 쾌활한 금욕은 철학자의 높은 정신성을 위한 조건이 된다. "어떤 금욕주의, 즉 최선의 의지가 품은 엄격하고 좀 더 쾌활한 금욕은 좀 더 높은 정신성을 이루기 위한 유리한 조건이며, 동시에 또한 자연적인 귀결이다"(472). 이것이 바로 철학자들의 금욕주의적 이상이 지향하는 바다. 결론적으로 말하면 니체는 기독교 사제의 금욕주의를 비판하면서도 철학자의 이상적인 금욕주의를 진리추구의 생산적 조건으로 긍정하고 있다.

7. 오만과 과학기술

오만이란 호기심에 따라 자신과 세계에 대해 끊임없이 실험하는 인간의 오류이다. 인생은 바로 호두까기와 같다. 자신의 영혼은 호기심에서 실험, 해부, 분석하는 일을 한다. 니체는 이러한 인간의 태도를 오만으로 규정한다. "오늘날 오만이란 자연에 대한 우리의 전체 태도이며, 기계나 안심할 수 있는 기술 전문가와 엔지니어의 발명에 힘입어 자연에 가하는 폭행이다. 오만이란 신에 대한 우리의 태도이며, 말하자면 인과성이라는 거대한 그물망 뒤에 숨어 있는 이른바 목적이나 윤리의 거미에 대한 우리의 태도이다"(474).

오만은 두 가지의 태도를 말한다. 하나의 오만은 세계에 대한 태도이다. '거미줄'이라는 인과율로 세계를 파악하려는 태도를 비판하고 '세계적인 거미에 맞서 싸운다'고 주장한다. 또한 다른 오만은 자신에 대한 것이다. "오만이란 우리 자신에 대한 우리의 태도이다. ― 왜냐하면 우리는 어떤 동물에게도 허용되지 않는 실험을 우리 자신에게 하며, 살아 있는 몸에 깃들인 영혼을 호기심에서 기꺼이 해부하기 때문이다"(474). 영혼의 구원을 위해, 우리 자신의 구원을 위해 의사의 입장에서 해부한다. "우리는 이제 우리 자신을 폭행하고 있다. 우리는 영혼의 호두를 까는 사람들이며, 마치 인생이란 바로 호두를 까는 것일 뿐이라는 듯 질문하며 의문을 품는 사람들이다"(474). 그러나 의사 입장에서 병을 고치려는 것보다 병 자체가 건강에 더 좋다는 인식이 중요하다. "병에 걸리는 것은 배우는 바가 많으며, 건강한 것보다 더 배우는 바가 많다는 것을 우리는 의심하지 않는다. — 오늘날에는 심지어 병들게 하는 자가 어떤 의사나 '구원자'보다도 더 필요하다고 생각한다"(474).

금욕주의의 결과는 고통, 잔인성을 통한 덕의 성립이다. '자기 자신에 대한 잔인성과 창조적인 자기 거세'로 새로운 천국을 세워 보려는 것이 철학자의 이상이다. "이것은 지상에서 가장 오래되고 가장 최후의 철학자 이야기에 관한 섬뜩한 상징이다. — 언젠가 '새로운 천국'을 세워 본 적이 있는 사람은 누구나 그것을 세우기 위한 힘을 먼저 그 자신의 지옥 속에서 발견했다"(477). 자신 안의 지옥 안에서 천국을 투사한 것이다. 금욕주의적 이상이 오랫동안 철학자에게 '실존의 전제로 도움'이 되었기 때문에 철학자가 금욕주의적 이상을 지지하게 되었다.

8. 금욕주의의 문제

철학적 금욕주의는 다음과 같은 문제가 있다. 철학자의 금욕주의적 이상은 세계 부정, 삶의 적대시, 감각 불신, 관능에서의 해방, 초탈의 태도다. "철학자들에게 특유한 세계 부정적인, 삶을 적대시하는, 감각을 믿지 않고 관능에서 벗어난 초탈의 태도는 최근까지 견지되어 왔으며, 이것이 거의 철학자들의 태도 자체로 간주되었는데"(478) 성직자는 금욕주의라는 껍질을 벗고 밖으로 나왔다. 철학자의 정신은 애벌레의 형태였다. 그러나 금욕주의적 성직자는 최근까지 어두운 애벌레로 살다가 이제서야 그 껍질을 벗어던지고 빛으로 나왔다. 그전까지 철학은 애벌레 형태로 살 수 있었고 기어 다녔다. 그러다가 애벌레 속에 '숨어 있던 다채롭고 위험한 날짐승인 정신'이 양지바르고, 따뜻하고, 밝은 세계 덕분에 옷을 벗고 햇빛으로 나올 수 있었다.

금욕주의적 성직자에게 물어야 할 질문은 다음과 같다. 금욕주의적 이상이란 무엇인가? 진지함이란 무엇인가? 그 의미는 무엇인가? 이 물음은 생리학자에게 물어볼 질문이기도 하다. 논쟁해야 할 점은 금욕주의적 성직자가 갖는 우리의 삶에 대한 가치평가이다. 그들은 우리의 삶에 속하는 것, 자연, 세계, 생성과 무상의 전체 영역과 관련해 삶 그 자체에 반대하거나, 그 스스로를 부정하거나, 또는 "대립적이거나 배제하는 삶의 관계를 지닌 완전히 다른 종류의 생존과 관련을 맺게 한다"(479). 곧 "금욕주의적 삶의 경우에 삶이란 저 다른 생존을 위한 하나의 다리로 간주된다"(479). 따라서 "금욕주의자는 삶을 결국 출발한 지점으로 되돌아가야만 하는 미로처럼 취급한다. 또는 행위에 의해 반박당하고 반박당해야만 하는 오류처럼 취급한다"(479-480).

그러므로 "우리 지구상의 생존이라는 대문자는 아마 다음과 같은 결론을 이끌게 될 것이다. 즉 지구는 본래 금욕주의적인 별이다." 자신에 대해, 지구에 대해, 모든 생명에 대해 '깊은 불만'을 갖고 살며 '고통을 주는 것'을 유일한 즐거움으로 여기며, "가능하면 스스로에게 많은 고통을 주는 불만에 차고 오만하며 불쾌한 피조물의 은둔처"라고 생각한다(480).

9. 금욕주의의 자기모순

'삶에 적대적인 종족'도 '성장'과 '증식'의 필요성을 느끼게 된다. '금욕주의적 삶이란 하나의 자기모순이기 때문이다.' "즉 원한이, 즉 삶에서의 어떤 것에 대해서가 아니라 삶 자체, 그 가장 깊고, 강력하며, 가장 기저에 있는 조건들을 지배하고 싶어 하는 기갈飢渴 들린 본능과 힘 의지의 원한이 지배하고 있다"(480-481). 삶 자체에 대한 원한은 삶에 적대적이면서 삶의 조건(힘의 원천)을 봉쇄하고 지배하려는 본능이다. 그러나 금욕주의의 자기모순이란 원한을 통해서도 삶의 성장, 증식, 지배를 꾀한다는 역설이다.

금욕주의자는 '음험한 눈초리'로 모순과 반자연, 균열을 원한다. 금욕주의자는 균열을 바라면서 고통 속에서 향유하고, 전제조건인 생리적인 삶의 능력이 감소할 때 자기 확신을 갖고 당당해진다. "'바로 마지막 죽음의 고통 속에서의 승리': 이 최상의 기호 아래 옛날부터 금욕주의적 이상은 싸워 왔다. 그 이상은 이러한 유혹의 수수께끼 속에서, 이러한 환희와 고통 속에서 자신의 가장 밝은 빛을, 자신의 구원을, 자신의 마지막 승리를 인정했던 것이다"(481). 이와 같은 모순과 반反자연을 향한 생생한 의지가 금욕주의적 철학이 보여 주는 오류다.

베단타 철학인 금욕주의도 '육체적인 것'을 '환영'으로 격하시키고, '주관과 객관이라는 개념의 대립'을 모두 '오류'라고 말하지만, 자아에 대한 믿음을 거부하고 자신의 실재성을 부정하는 것은 하나의 '승리'이다. 감각과 외관에 대한 단순한 승리가 아니라 좀 더 '고차적인 종류의 승리'이다.

이런 점에서 칸트의 입장도 금욕주의적이다. "'사물의 예지적 성격'이라는 칸트의 개념에서조차 이성이 이성에 대립하게 하기를 좋아하는 이러한 탐욕적인 금욕주의자의 분열성"(482)이 있다. 곧 "'예지적 성격'이란 지성에게는 사물이 전혀 파악될 수 없다는 것을 지성이 바로 이해하게 되는 일종의 사물의 속성을 의미한다"(482). 의식이 자신 안에서 대상을 대상화하는 것이 바로 자기 분열성을 뜻한다.

10. 해석학의 문제: 관점주의

사물과 세계의 객관적인 이해를 위해서 다르게 볼 수 있어야 한다. "한번 달리 보는 것, 달리 보고자 의욕하는 것은 지성이 미래의 '객관성'을 확보하기 위한 적지 않은 훈련이며 준비"(482)이다. 그렇지만 객관성을 '무관심한 직관'이 아니라 '지성의 찬반'을 제어하고 지성을 '뗴었다 붙일 수 있

는 능력'으로 이해해야 한다. "인식을 위해 바로 관점과 정
서적 해석의 차이를 이용"(483)할 줄 알아야 된다.

관점주의적 해석을 위해선 관심을 가진 많은 눈이 필요
하다. 따라서 순수하고 의지가 없고 고통이 없는 무시간적
인 인식주관, 순수이성, 절대정신, 인식 자체는 낡고 모순
된 개념이다. 이처럼 '하나의 눈'만이 있다고 하면 하나의
방향만 인정하게 되어 능동적이고 해석적인 힘은 저지된
다. "오직 관점주의적 인식만이 존재한다"(483). 정서와 의
지를 지성에서 분리하지 않고 사태에 대해 다양한 관점에
서 보려고 할수록 의미의 객관성이 확보되고 의미의 이해
는 완벽해질 것이다.

"철학자 여러분, 이제부터 우리는 '순수하고 의지가 없고
고통이 없고 무시간적인 인식의 주관'을 설정한 저 위험하
고 낡은 개념의 허구를 좀 더 잘 경계해야 할 것이다. 우리
는 '순수이성'이나, '절대정신'이나, '인식 자체'와 같은 그러
한 모순된 개념의 촉수觸手를 경계해야 할 것이다: 여기에
서는 항상 도저히 생각할 수 없는 하나의 눈이 있다는 것을
생각하도록 요구하고 있는데, 이는 전혀 어떤 방향도 가져

서는 안 되는 하나의 눈이며, 이러한 눈에서 본다면 본다는 것이 또한 어떤 무엇을 본다는 것이 되는 능동적이고 해석적인 힘은 저지되어야만 하고, 결여되어 있어야만 한다. 따라서 여기에서 눈이 요구하는 바는 언제나 불합리와 이해할 수 없는 것이다. 오직 관점주의적으로 보는 것만이, 오직 관점주의적인 '인식'만이 존재한다: 우리가 한 사태에 대해 좀 더 많은 정서로 하여금 말하게 하면 할수록, 우리가 그와 같은 사태에 대해 좀 더 많은 눈이나 다양한 눈을 맞추면 맞출수록, 이러한 사태에 대한 우리의 '개념'이나 '객관성'은 더욱 완벽해질 것이다. 그러나 의지를 모두 제거하고, 정서를 남김없이 떼어 낸다는 것은, 우리가 그것을 할 수 있다고 가정해도, 어떻게 할 수 있단 말인가? 이것은 지성을 거세하는 것을 의미하는 것이 아닌가? …"(483).

11. 심리학적, 생리학적인 모순:
삶의 긍정이면서 부정이다

삶에 맞서는 금욕주의자의 자기모순은 생리학적으로 볼

때 삶을 긍정한다는 점에서 분명하다. '삶에 거스르는 삶'을 말하는 '금욕주의자들의 자기모순'은 "우선 명백하다 — 심리학적으로가 아니라, 생리학적으로 생각해 볼 때만 무의미할 뿐이다"(484). 금욕주의는 죽음에 맞서 삶을 보존하고 존재하려는 욕망으로서 실제로 삶의 부정이 아니다. 금욕주의적 이상은 퇴화하는 삶의 방어본능과 구원본능에서 생겨나 모든 수단을 강구해서 자신의 생존을 위해 노력한다. 삶의 가장 깊은 본능은 새로운 수단으로 투쟁하는데, 금욕주의도 끊임없이 새롭게 투쟁하는 하나의 수단이다. 이렇듯 우리의 생각과 반대로 금욕주의는 자신이 찬양하는 죽음에 맞서 싸운다. 금욕주의적 이상은 삶을 보존하기 위한 도구다. 금욕주의적 이상이 인간을 지배하고 제어하는 현상은 문명과 인간의 순화에서 일어났다. 금욕주의적 성직자는 다른 곳에 존재하고 싶은 체화된 최고의 소망, 열정, 정열을 가진다. 이러한 소망의 힘은 인간이 존재하기 위한 더 유리한 조건을 만들기 위한 도구가 된다. 생리학적으로 볼 때 병적인 것, 죽음, 권태, 피로, 종말을 바라는 소망과의 싸움에서 금욕주의는 성직자가 다른 방식으로 존재하기 위한 도구일 뿐이다.

겉으로는 금욕주의적 성직자가 삶의 적대자, 부정자이지만 사실은 삶을 보존하는 힘과 긍정하는 힘을 대변한다. 그만큼 인간은 병적이고 위험하며 불확정적인 동물이다. 금욕은 삶의 부정, 적대가 아니라 삶의 긍정, 보전을 위한 전략이다.

왜 인간은 가장 병든 동물이 된 것인가? 인간은 다른 동물과 다르게 대담하고 혁신적이고 반항적이며 운명에 대해 도전적이었다. 그러나 "위대한 자기 실험자이며 최후의 지배를 위해 동물, 자연, 신들과 싸우는 만족할 줄 모르는 자이자 싫증을 모르는 자인 인간 — 언제까지나 정복되지 않는 자, 자기 자신의 충동력 때문에 결코 휴식을 모르는 영원히 미래적인 존재인 인간은, 그래서 그의 미래가 가차 없이 박차처럼 모든 현재의 살 속에 파고드는 인간: 이처럼 용기 있고 풍요로운 동물이 어째서 또한 가장 위험하고. 모든 병든 동물 가운데 가장 오래 가장 깊이 병든 존재"(485)가 되었는가? 인간이 싫증을 느끼는 것이 번져 유행병이 되었다.

삶의 부정은 실상 긍정이다. 아픈 상처가 치유되면 건강하게 살기를 더 바라는 것과 같다. "인간이 삶에 대해 말하는 부정은 마치 마법에 의한 것처럼, 더욱 부드러운 긍정의 충만함을 드러낸다. 이러한 파괴나 자기 파괴의 거장인 인간이 스스로에게 상처를 준다 할지라도 — 훗날 이 상처 자체야말로 인간으로 하여금 살 것을 강요하는 것이다"(486).

병자는 위험하다. 강자에게 위험은 강한 자가 아니라 약한 자다. "병자는 건강한 자들에게 가장 큰 위험이다. 강자에게 닥치는 재앙은 가장 강한 자에게서 오는 것이 아니라, 가장 약한 자에게서 온다"(486).

인간이 두려워해야 할 것은 '커다란 공포'가 아니라 '인간에 대한 커다란 혐오'와 '인간에 대한 커다란 동정'이다. '혐오'와 '동정'이 교미하면 가장 섬뜩한 것, '허무를 지향하는 인간 최후의 의지', '허무주의'가 나타나게 된다.

니체는 질병의 유형학에서 불신(의심, 독), 자기 회피, 질투 등을 문제 삼는다. 인간에게 가장 큰 위험은 신뢰에 독을 타서 의심하게 하는 병자이다. "인간의 가장 커다란 위험은 병자이다: 악인이나 '맹수'가 아니다. 처음부터 실패

자. 패배자, 좌절한 자 — 가장 약한 자들인 이들은 대부분 인간의 삶의 토대를 허물어 버리고, 삶이나 인간이나 우리 자신에 대한 우리의 신뢰에 가장 위험하게 독을 타서 그것을 의심하게 만드는 자들이다"(487). 그뿐만 아니라 자기 회피에서 다른 존재를 희망하는 탄식의 소리가 들리며 자기 경멸과 진저리에 인간은 고통받는다. "자기 경멸의 땅 위에서 진정한 늪지대에서 모든 잡초, 온갖 독초들이 자라난다"(487). 여기에 '복수의 감정'이 벌레처럼 우글거린다. 또한 "비밀스러움과 은폐의 냄새가 악취를 풍긴다. 여기에는 언제나 악의적인 음모의 그물이 — 잘난 인간들이나 승리한 인간들에 대한 고통받는 자의 음모가 거미줄을 치게 된다. 여기에서 승리한 인간의 모습은 증오의 대상이 된다"(487-488). 타자의 덕(승리, 잘난 사람)은 약한 자의 시기심의 대상이 된다.

그 결과로 "최소한 정의, 사랑. 지혜, 우월감을 나타내는 것 — 이것이 이러한 '최하층 인간', 이러한 병자의 야심인 것이다!"(488) 그들은 '위조지폐자의 능숙함'을 보여 주며 건강, 성공, 강함, 자부심, 힘의 감정 자체는 (언젠가 쓰라린 대가를 치를 사악한 것이라고 판단하는) '사형집행인'이 되고자 복수심에 가득 찬 말로 '정의'를 '독침'처럼 말한다. 병든 자는 도덕적으로 자위행위하면서 자기 우월감에서 '건강한 자들을 압제'하면서 자기만족을 느끼는 것이다. '약자'나 '불치병'에 걸린 병자들이 '덕을 완전히 스스로 독점'하게 된다. "그들은 이렇게 말한다. 즉 '우리만이 선한 인간이며, 의로운 인간이다. 우리만이 선한 의지를 가진 인간이다'"(488). '가장 약한 자들의 힘을 향한 의지'는 어디서나 발견된다. 약자의 정의는 병자의 덕이다.

'복수의 사도' 오이겐 뒤링Eugen Dühring에 따르면 생리학적으로 실패한 자들이 원한, 복수심에서 타자의 행복을 수치스럽게 만든다. 이렇게 '전도된 세계'에서 부끄러운 감정의 유약화가 일어난다. 병자가 건강한 사람을 병들게 하는 것이 유약화이다. 병자와 건강한 자의 구분, 거리 두기가 필요하다. 거리의 파토스, 병자를 떠나 맑은 공기가 필요하다. 병자의 악취에서 떨어져야 전염병에 걸리지 않는다. 인간에 대한 커다란 혐오와 동정을 경계하라. 그 둘이 합쳐지면 허무(주의)가 된다. 건강한 사람의 임무가 병자를 치료하는 것만은 아니다.

병자는 '복수의 가면무도회'에서 복수의 구실을 찾아 '최후의 가장 세련되고 가장 섬세한 복수의 승리'를 꿈꾼다. "행복한 자들은 어느 날엔가는 자신들의 행복을 수치스럽게 여기기 시작"(490)한다. 그들은 서로에게 다음과 같이 이야기할 것이다: "행복한 것은 부끄러운 일이다! 너무 많은 불행이 있다!" 행복, 탁월함, 몸과 정신의 강한 자들이 자신의 행복의 권리에 대해 의심하게 되는 것은 필연적인 오해다.

그러나 이러한 '전도된 세계'는 사라져야 한다. '부끄러운 감정의 유약화', '병자가 건강한 사람을 병들게 하는 일'이 없도록 하는 것이 지상 최고의 관점이 되어야 한다. 이를 위해 "병자의 모습을 경계하면서, 건강한 사람은 병자와 떨어져 있고, 건강한 사람이 병자와 바뀌지 않도록 해야 한다는 이 모든 일이 필요하다"(490). 간호인이나 의사가 되는 일이 그의 임무는 아니다. "위에 있는 자는 밑에 있는 자의 도구로까지 자신을 격하시켜서는 안 되며 거리의 파토스는 또한 영원히 양자의 임무를 마땅히 분리시켜야만 한다"(490). 생존의 권리를 고려할 때 "음조가 틀리고 깨어져버린 종鐘에 대해 완벽한 음조를 지닌 종의 특권은 실로 천 배나 더 큰 것이다: 오직 그들만이 미래의 보증인이며, 오직 그들만이 인류의 미래에 대해 책임을 지고 있는 것이다"(491). 그들이 해야 하는 일은 병자들이 할 수 없는 일이며 할 수도 없는 일이다.

필요한 좋은 친구는 공기와 같다. 병원이 아니라 우리의 좋은 친구가 필요하다. '부패와 벌레 먹은 자리'에서 나는 악취에서 멀리 떨어지자. 가장 악질인 전염병인 "인간에 대한 커다란 혐오에 대해서! 인간에 대한 커다란 동정"(491)에서 자신을 지켜야 한다. 병자를 간호하고 건강하게 하는 것이 건강한 사람의 임무가 아니다.

12. 치료가 아니라 질병의 확산이다

금욕주의적 성직자는 병든 무리에게 '구원자', '목자', '변호자'로 이해된다. 그들의 '역사적 사명'이자 목적은 고통받은 자를 지배하는 것이며 그 왕국에서 본능을 지배함으로써 자신의 행복을 찾게 된다. 곧 스스로 병드는 것이 행복이다. 자신이 병들어 병자와 가깝게 관계함으로써 그들을 이해하게 된다. 그렇게 병자의 신뢰를 얻게 된다. 그러나 자기 자신을 지배하기 위해 강해져야 하며 건강한 사람으로부터 자신의 무리를 지켜야 한다. 자신의 병든 무리를 지키기 위해 건강한 사람에 대항해 싸운다. 건강한 사람을 질투하면서 맹수 같은 건강함과 강건함을 자신의 선천적인 적수로 경멸해야 한다. 건강함을 경멸하고 증오하지만 폭력으로, 힘으로 맹수와 싸우지 않고 간지奸智(정신)에 의한 싸움으로 이기고자 한다. 고통받는 자를 지배하기 위해 상처를 치료한다면서도 상처에 독을 뿌리는 기교를 부린다. 맹수를 길들이는 기법으로 건강한 자를 병들게 하여 유순하게 하는 것이다. "뛰어난 기만의 술책을 사용하면서 … 이 땅 위에 고통과 분열과 자기모순의 씨를 뿌리고자 결심하며, 언제든지 고통받는 자를 지배하는 자신의 기교를 과신하는 것이다. 의심의 여지없이 그는 연고와 향유를 가져온다: 그러나 그는 의사가 되기 위해, 먼저 상처를 줄 필요가 있다. 그때 그는 상처에서 오는 고통을 가라앉히면서,

동시에 상처에 독을 뿌린다"(493). 병도 주고 약도 주는 셈이다. '마술을 사용하는 자'는 '맹수를 길들이는 자'로 이 일을 능숙하게 하며, 건강한 자는 그의 주변에서 모두 병들고, 병자는 반드시 유순하게 된다. 이 기묘한 목자는 자신의 병든 무리를 잘 지켜 준다. 병자에게 건강은 적수다.

'원한'이라는 '가장 위험한 폭발물'을 저장하는 내부와 끊임없이 은밀하게 싸우는 과정에서 무리와 목자가 다칠 만큼 위험하게 폭발하지 않도록 하는 것이 기교이자 '최상의 효용성'이다. "성직자적 실존의 가치를 가장 간결한 형식으로 파악하고자 한다면, 바로 이렇게 말할 수 있을 것이다: 성직자란 원한의 방향을 변경한 자이다. 즉 모든 고통받는 자는 본능적으로 자신의 고통의 원인을 찾는다. 더 정확히 말하자면 고통을 일으킨 행위자를, 더 확실히 말하자면 고통에 민감한 죄 있는 행위자를 찾는다"(493-494). 성직자는 원한의 방향을 바꿔 모든 고통받는 자의 고통의 원인을 행위자의 죄에서 찾도록 한다.

(원한과 복수의) "감정을 배출한다는 것"(494)은 '고통받는 자의 가장 큰 진통의 시도, 즉 마비의 시도'이다. '어떤 종

류의 고통에 맞서 본의 아니게 갈구하는 마취제이기 때문이다.' "감정에 의해 고통을 마비시키려는 갈망에서, 원한이나 복수나 그와 유사한 것의 진정한 생리학적 원인이 발견"(494)될 수 있다. 보통 '방어적 반격', '반응', '반사운동'에는 차이가 있다. 하나는 개구리처럼 격렬한 감정에 의해 마비하여 그 순간이나마 고통을 의식에서 지우려는 것처럼 더 이상의 피해를 막으려는 경우이며, 다른 하나는 "괴롭히며 은밀하고 견딜 수 없게 된 고통을 어떤 종류의 격렬한 감정을 통해 마비시키고, 적어도 한순간이나마 의식에서 지우려는 경우"(494)다. 이를 위해 하나의 '거친 감정'이 필요하며 그것을 일으키는 죄와 같은 '최초의 가장 좋은 구실'이 필요하다. "내가 불쾌한 것은 그 누군가에게 틀림없이 책임이 있다"(494)는 방식으로 추론하는 것이 병자의 특징이며, 그들이 느끼는 불쾌감의 참된 원인인 생리학적 원인이 감추어진다. (그 원인은 교감신경의 병에 있거나, 담즙의 지나친 분비나, 혈액 내의 유황산칼리나 인산칼리 결핍이나, 혈액순환을 방해하는 하복부의 압박 상태에 있거나, 아니면 난소나 그와 같은 기관의 퇴화이다.)

자신의 '고통스러운 감정에 대한 구실을 꾸밀 때' '주변에 가까이 있는 사람들을 악인'으로 만든다. "'나는 괴롭다: 그 누군가가 이것에 대해 틀림없이 책임이 있다' — 병든 양은 이렇게 생각한다. 그 목자인 금욕주의적 성직자는 그에게 이렇게 말한다. '맞다. 나의 양이여! 그 누군가가 그것에 대해 틀림없이 책임이 있다: 그러나 너 자신이 이러한 그 누군가이며, 오로지 너 자신이야말로 이것에 대해 책임이 있다. — 너 자신이 오로지 네 스스로에 대해 책임이 있다!'"(495). 이렇게 하여 원한의 방향이 바깥에서 안으로 바뀌었다.

요약하면 병든 양의 생각에 자신이 느끼는 고통의 감정의 원인은 타인에게 있다. 타인이 악인이다(타인 책임 전가). 그 반대로 성직자의 말에 따르면 고통은 자기 책임이다(원죄).

원한의 방향을 반대 방향인 자기 자신으로 향하게 하는 것은 죄책, 죄, 타락, 벌(자기 훈련, 자기 감시, 자기 극복)로 불치병자를 자멸하게 하는 것이다. 성직자는 의사로서 삶을 치료한 것이 아니라 오히려 병들게 했다. 이런 잘못된 치료는 건강과 병 사이를 더 크게 넓혀서 병을 악화시킨 것이다.

'삶을 치료하는 의사'는 본능적으로 '금욕주의적 성직자'의 시도와 목적이 왜 "죄책", '죄', '죄스러움', '타락', '영원한 벌"과 같은 역설적이고 사리에 어긋난 개념을 필요로 했는지 추측할 수 있다. "자기 자신에게 방향을 향하게 하고. 그들의 원한을 반대 방향으로 되돌리는 것(이 한 가지만이 필요하다)"으로 "고통받는 자의 나쁜 본능을 자기 훈련, 자기 감시, 자기 극복을 위해 이용하는 것"(496)이다.

니체의 '논증할 수 없는 전제'는 "인간에 대한 '죄스러움'이란 사실이 아니라, 오히려 어떤 사실, 즉 생리적 장애에 대한 해석일 뿐"(496)이라는 것이다. 건강하다는 것은 건강하다는 느낌일 뿐 증명할 수 없듯이 생리적 장애도 마찬가지다. 죄라는 것은 생리학적인 장애에 대한 잘못된 해석이다. 그러나 생리적 장애를 도덕적, 종교적으로 보고 '책임, 죄'가 있다고 느껴선 안 된다. 생리적 장애와 도덕적 판단은 엄연히 다르다(죄, 책임). 그것은 마녀재판과 같이 죄를 입증할 수 없는 무죄와 같다.

육체적 고통뿐만 아니라 정신적 고통도 '인과적 해석'에 불과하다. 실제로 '정신의 고통'은 '영혼의 탓'이 아니라 '배

(몸)의 탓'일 것이다. 정신적 고통은 '완전히 불확정의 상태이며 과학적으로 연관 지을 수 없는 어떤 것이다.' 음식물을 소화하는 것처럼 뇌는 자신의 체험을 소화한다. 만약 체험을 제대로 처리하지 못하는 경우 소화불량처럼 정신적 고통이 될 수 있다. 금욕주의적 성직자는 진정한 구원자가 아니다. 의사로서 고통 자체, 불쾌와 싸우고 있지만 그 원인인 진정한 병과 싸우고 있지 않다. 의사의 관점에서 고통은 결과일 뿐 그 원인은 생리학적인 현상이다. 성직자적 치료는 고통의 완화, 위로를 위한 청량제, 진정제, 마취제에 불과하다. 모든 종교가 싸운 피로감, 중압감은 생리적인 장애 감정으로 "생리학적 지식의 결핍 때문에 그 자체로 의식되지 못하고, 따라서 그 '원인'이나 치료도 단지 심리적, 도덕적으로만 추구하고 시도할 수 있을 뿐"(498-499)이다. 장애 감정의 기원은 다양하다. 계급혼합, 잘못된 이주, 적응 부족, 기후, 노화, 피로, 다이어트, 패혈증, 말라리아, 매독 등이 불쾌감의 원인이다.

사람은 '우세한 불쾌감'과 '생명감 일반을 최저로 끌어내리는 수단'으로 '싸운다.' 가능하면 의욕도, 소망도 전혀 가지지 말고, 감정을 만드는 것이나 '피'를 만드는 모든 것을 피하며, 사랑하지도, 미워하지도 않고 무관심하며, 복수하지 않고 부자가 되지 않고, 일하지 않고 걸식하며 처를 가지지 말고 가능하면 있더라도 처가 적어야 한다. 정신적인 측면에서는 파스칼의 원리에 따라 '우둔해져야 한다.' 그 결과를 "심리학적으로 도덕적으로 표현하자면, 탈아, 신성화, 생리학적으로 표현하자면, 최면이다. ― 즉 몇몇 동물 종에게는 겨울잠이며, 열대의 많은 식물에게는 여름잠인 것과 비슷한 인간의 상태에 이르려는 시도이며, 그 안에서 삶이 진정으로 아직 의식되지 못한 채 계속 유지되는 최소한의 물질 소모이자 신진대사이다"(500). 인간이 어떤 목적을 위해 많은 에너지를 소비하는 것은 헛된 일이다. 많은 경우에 '최면'의 도움으로 '생리학적 우울증'에서 벗어날 수 있었던 방법은 '가장 인종학적 사실'이 된다. 겨울잠과 같은 최면을 통해 생명력을 떨어뜨리려는 것, 탈아의 신성화는 삶에 반대되는 현상일 뿐이다.

13. 금욕주의는 정신착란이다

금욕주의는 '정신착란', '내적인 광명'에 이르는 길이자 '환청, 환시에 이르는 음탕, 관능, 황홀'을 지향한다. 예를 들어 불교의 해방은 선과 악을 넘어선 해방이며 금욕주의는 완전한 최면 상태에 들어가는 데 목적이 있다. 금욕주의가 '최고의 상태, 해방 그 자체'에 이른 '완전한 최면 상태와 정적'은, '신비 그 자체로 사물의 근거 속으로 들어가고 귀환하는 것으로, 온갖 망상에서의 해방으로, 앎으로' '진리'로, '존재'로, 모든 목적이나 모든 소망이나, 모든 행위에서 벗어남으로, 선과 악의 저편으로도 여겨진다.' 예를 들어 불교(베단타)는 '선과 악 ─ 이 두 가지는 결박이다. 완전한 자는 이 두 가지를 지배했다'고 말하며, 선과 악을 넘어서 어떤 행위도 고통의 원인이 되지 않는다.

'인도 전체에 나타나는 견해'에서 '덕의 최면적 가치를 높이 평가'한다. 깊은 잠 속에서 브라만에 몰입하고, 신과의 신비적 합일 성취하여 고통이 없는 최면의 상태를 최고의 상태로 보는 것은 에피쿠로스학파의 입장과 같다.

'덕'을 통한 '완전성의 증가'만으로 이를 수 없는 차원인 '브라만의 관위 합일'이 진정한 해방이며 영원히 순수한 것이다(상카라Cankara, 인도철학자 파울 도이센Paul Deussen 인용).

위대한 종교가 말하는 '해방'에 존경을 표하면서도 '이미 삶에 지쳐 피로한 자들이 그러한 깊은 잠'에 대해 진지한 평가를 내리는 것은 곤란한 일이다. "깊은 잠이란 즉 이미 브라만에로 몰입해 가는 것이며, 신과의 신비적 합일을 성취함을 말한다"(502). 완전한 수면에서, 휴식의 상태에서 존재자와 일체가 되어 자기 자신 속으로 몰입해 간다. "깊은 잠 속에서 영혼은 스스로의 몸에서 벗어나 최고의 빛 속으로 들어가 이를 통해 본래의 모습으로 나타난다: 거기에서 영혼은 이리저리 거니는 최고의 정신 자체이며, 이 최고의 정신은 여성들이든, 마차이든, 친구들이든 이들과 농을 하고 함께 놀며 즐거워한다"(503).

이러한 동양의 종교적 '해방'은 에피쿠로스와 똑같은 평가를 받고 있다. "최면에 걸린 허무의 감정, 가장 깊은 잠의 휴식, 간단히 말해 고통이 없는 상태 — 고통받는 자나 근본적인 부조화자는 이것을 이미 최고의 선으로, 가치들 가운데 가치로 여기며 적극적으로 평가해야만 하고, 적극적인 것 자체로 느껴야만 하는 것이다"(503).

지적 스토아주의, 금욕주의적 성직자는 우울증을 방지하기 위해 최면으로 고통에 대한 감수성을 약화시키는 것보다 기계적 활동(노동, 반복)을 다른 방식으로 활용했다. 이를 노동의 축복이라고 일컫는다.

고통의 '경감'이란 "고통받는 자의 관심이 근본적으로 고통에서 다른 곳으로 전환되고 ―부단히 한 행위와 다시 반복되는 한 행위만이 의식에 들어오며― 결과적으로 그 속에는 고통이 들어설 여지가 거의 없게 되는 것이다"(504). 금욕주의적 성직자는 고통과 싸우기 위해 노동의 "기계적 활동이나 그에 속하는 활동 ― 절대적 규칙성, 아무 생각 없이 하는 정확한 복종, 단호한 생활방식, 시간 이용, 어떤 허락, 즉 '비인격성'이나 자기 망각, '자기 무시'에 대한 훈련과 같은 것"(504)을 이용했다.

행복은 이웃사랑을 실천함으로써 삶을 긍정하는 충동의 자극에 수반되는 작은 우월감으로서 생리적 장애자들에게는 위로의 수단이다. '상호부조의 모임'에서 우울증을 치료하기 위해 상호선행의 '작은 즐거움'(행복)이 장려되었고 무리본능이 공동체 형성을 조장했다. "'상호성을 지향하는 의지', 무리를 형성하려는, '공동체'를 지향하는, '집회'를 하려는 의지 속에서" "무리를 이루는 것은 우울증과의 투쟁에서 중요한 진보이며 승리이다"(505). 공동체가 성장함에 따라 개인의 관점은 자신의 불쾌, 자기혐오, 자기 경멸을 넘어서게 된다.

14. 주인본능과 노예본능

주인본능을 옹호하는 니체는 무리본능을 비판한다. "무리들이 있는 곳에서. 무리를 이루고자 했던 것은 허약본능이며, 그것을 조직했던 것은 성직자의 영리함이다"(505). 강자는 주인으로 사자처럼 단독본능(생활)을 갖고 약자는 노예로 양처럼 무리본능(생활)을 가진다. "강자들은 서로 흩어지려 하고, 약자들은 서로 모이려 하기 때문이다. 만일 강자들이 서로 결합한다면, 이는 오직 그들의 힘의 의지의 공격적인 전체 행동과 전체의 만족을 기대하고 행해지며, 개개인의 양심의 많은 저항을 받게 된다. 이에 반해 약자들은 바로 이러한 단결에 쾌락을 느끼면서 서로 단결한다"(506). 그래서 근본적으로 '타고난 주인들' (단독 생활을 하는 맹수 종족인 인간)의 본능을 조직에 의해 자극하고 동요하려는 모든 과두정치에서는 항상 강자를 지배하려는 약자의 '폭압의 욕망'이 있다.

정리하면 금욕주의 성직자는 불쾌와 싸움하기 위해 죄를 고안해 냈다. 생명감의 약화를 시도하면서도 공동체의 행복을 통해 개인의 불만을 느끼지 못하게 한다. "금욕주의적 성직자의 수단 —생명감의 총체적 약화, 기계적 활동, 작은 즐거움, 특히 이웃사랑의 즐거움, 무리 조직, 공동체 힘의 느낌에 대한 자각, 이러한 결과로 개개인의 자기 자신에 대한 불만은 공동체의 번영에 대한 쾌감으로 인해 느끼지 못하게 된다— 이것은 현대적 척도로 잰다면, 불쾌와 싸울 때 그의 순진한 수단이다"(506).

금욕주의적 이상은 '감정의 무절제함'을 야기한다. 이것은 병자를 더 병들게 한다. "이러한 방식의 고통의 치료법은, 현대의 척도로 잰다면, 죄 있는 방식이다. … 그러한 치료법은 선량한 양심으로 사용되었던 것"(511)이다. 이 치료법이 의도했던 바는 병을 치료하는 것에 있는 것이 아니라 우울증의 불쾌와 싸우고, 그것을 완화하고, 마비시키는 것에 있었다.

성직자의 금욕주의를 정리하면 성직자가 활용하는 '주된 조작법'은 영혼을 갈가리 찢기 위해 '죄책감을 이용'하는 것이다. "'죄'는 ―이것은 동물적인 '양심의 가책'(거꾸로 향하는 잔인성)에 대한 성직자적인 재해석을 의미하는 것이기 때문에― 지금까지 병든 영혼의 역사에서 가장 커다란 사건이었다"(512). 죄책감, 양심, 죄의식은 병자를 더 병들게 하는 것이었다. 우리에 갇혀 있는 동물처럼 자기 고통에 시달리면서도 고통의 원인에 대해 알지 못한다. 이때 성직자는 '고통 자체를 벌의 상태로 이해'하면서 고통의 원인을 찾아준다. 자신의 내면, 죄책, 과거의 단편인 죄에서 찾게 된다. 고통은 그것에 따른 벌이다. '줄이 그어진 원에서 빠져나오지 못하는 암탉'처럼 병자는 죄인이 되어 갇혀 버렸다.

새로운 병자인 죄인은 수천 년간 벗어나지 못한다. 마치 유일한 고통의 원인인 죄책의 방향으로 움직이는 최면에 걸린 것처럼 모든 과거를 반추하고 왜곡하며 고통을 오해하여 삶의 내용을 죄책감, 공포감, 벌의 감정으로 다시 해석한다. 양심의 '자기 환영', '고문', '알지 못하는 행복의 경련', '구원을 바라는 외침'이 있다. 양심의 가책을 통해서 과거가 반추되고, 행위가 왜곡된다. "고통을 오해하려는 의욕이 삶의 내용을 이루고 있고, 고통을 죄책감, 공포감, 벌의 감정으로 재해석한다"(513). 고통에 대해 더 이상 저항하지 않고 고통을 갈망했다. 영원한 고통인 지옥을 발명한 것이다. "불쾌와의 싸움에서 늙은 대마법사인 금욕주의적 성직자 — 그는 명백히 승리했고, 그의 왕국이 도래했다: 이미 사람들은 고통에 대항해 더 이상 탄식하지 않았고, 고통을 갈망했다"(513). '죄인으로서의 인간'은 '지옥 자체의 발명'에 이른다.

금욕주의적 이상이 승리를 거두게 된 것이다. 성직자적인 치료(죄 있는 치료방식)는 인간을 향상시킨 것이지만, '향상'의 의미는 길들여진, 약화된, 용기를 잃은, 섬세한, 연약해진, 거세된, 손상된 것과 같다. 병자를 향상시켰다고 해도 병자를 더 병들게 한 것이다. 또한 병을 '빠르고 깊고 넓게' 확산시켰다. 다음과 같은 다양한 질병, 곧 간질병, 마비증, 만성 우울증, 집단 정신착란, 죽음 동경, 금욕주의, 죄악설, 종교적 노이로제, 도덕적 의례, 알코올중독 등으로 금욕주의적 성직자는 영혼의 건강을 망가뜨렸다. 건강과 취미만을 망가뜨린 것이 아니다.

15. 금욕주의 해석학: 하나의 이상의 절대화, 특권화

금욕주의라는 '이상의 배후'에 숨어 있는 의지는 무엇인가? 목표는 무엇인가? 금욕주의의 이상은 '하나의 목표'를 가지고 있다. 이 이상은 모든 것을 하나의 목표에 비추어 해석한다. 오직 하나의 해석을 제시하면서 다른 해석을 부정하는 것이다. "어떤 해석이나 다른 목표를 허용하지 않는다. 그것은 오직 자기 해석이라는 의미에서 거부하거나, 부정하거나, 긍정하거나, 시인한다"(520). 자신의 해석을 특권화하는 것이다. 모든 힘에 대한 '자신의 특권'이나 '절대적인 등급'의 거리를 믿는다. 다른 해석은 단지 금욕주의 이상의 작업을 위한 도구이자 길, 수단에 불과하다.

16. 현대과학과 금욕주의

금욕주의 이상의 다른 목표는 현대과학에 있다. 현대과
학도 금욕주의의 양식이다. '신이나 저편 세계나 부정의 덕
목' 없이도 존재하는 과학적 양심은 하나의 심연이다. 진리
가 주장되지만 자신에 대한 이상과 자신에 대한 믿음도 없
다. 금욕주의적 이상의 반대가 아니라 가장 최근의 고귀한
형식 자체다.

'유용한 것' 때문에 과학에 대한 만족을 말하지만, 그 반
대로 과학은 '양심의 가책' 등 이상의 상실에 대한 불안, 사
랑의 결여, 고통과 불만의 반영이다. "과학은 오늘날 모든
종류의 불만, 불신, 설치류 벌레, 자기 멸시, 양심의 가책 등
이 숨는 은신처이다. ― 과학은 이상 상실 자체의 불안이
며, 위대한 사랑의 결여에서 오는 고통이며, 본의 아닌 만
족 상태에 대한 불만이다. 오, 오늘날 과학은 모든 것을 숨
기고 있는 것이 아닐까! 과학은 적어도 얼마나 많은 것을
숨겨야만 하는가!"(522).

자기 마비로서의 과학에 대한 신앙은 진실과 부합하지 않

는 것을 추론하고, 진리를 추구하는 것이 아니라 개연성을
보여 주는 것이다. 과학이 지향하는 "이 신앙이란 '진리'를
입증하는 것이 아니라, 어떤 개연성을 — 즉 미망迷妄일지
도 모른다는 개연성을 입증하는 것이다"(524). 자유로운 정
신은 금욕주의적 이상에서 해방된다고 믿는다. 진리를 믿
고 있는 한 자유정신은 없다. "진리란 없다. 모든 것이 허용
된다"(525). 자유정신은 신앙과 진리 자체에 대한 파산신고
다. 그러나 자유정신에도 자유와 해방은 낯선 것이며 —굳
게 진리에 구속되어 있지 않지만— 반대로 진리에 대한 믿
음에는 누구보다도 굳게 무조건적으로 구속되어 있다.

17. 자유정신: "진리는 없다. 모든 것이 허용된다"

'지성의 스토아주의'가 절제로서, '긍정과 부정을 금지하
는 것'은 '작은 사실주의'의 태도다. 사실주의는 해석 일반
에 대한 (폭력, 수정, 축약, 생략, 변조, 날조, 위조, 그 밖의 모든 해석
의 본질에 속하는 것에 대한) 단념이다. 이것은 관능을 부정하는
것과 같이 덕의 금욕주의를 잘 표현한다. '부정의 양태'인

"금욕주의를 강제하는 것, 즉 진리를 향한 무조건적 의지란 금욕주의적 이상 자체에 대한 신앙인 것이다"(526). 과학은 해석(정서)을 제거하고 사실만을 다루려는 점에서 금욕주의적이다.

그러나 과학은 무전제의 학문이 아니다. "무전제와 과학이란 존재하지 않는다. 그러한 것을 생각하는 것은 상상할 수 없는 일이며, 터무니없는 일이다: 과학이 신앙에서 하나의 방향, 하나의 의미, 하나의 한계, 하나의 방법, 하나의 생존 권리를 얻기 위해서는, 하나의 철학, 하나의 '신앙'이 항상 먼저 거기 있어야만 한다"(526). 과학이란 방법적으로 신앙을 먼저 전제한다.

과학은 신앙을 통해 삶의 세계, 자연의 세계, 역사의 세계와는 다른 세계를 긍정하기 위해 이 세계, 우리 세계를 부정한다. 과학에 대해 신앙이 전제하는 것은 형이상학적 신앙이다. 오늘날 우리는 무신론자이며, 반형이상학자이다. '천 년간 낡아 빠진 신앙'에 대해 "신은 진리며 신적인 것이 진리"(527)라는 그리스도교의 신앙, 플라톤의 믿음을 니체는 거부한다. '신 자체가 우리의 가장 오래된 거짓말'로 드러난다.

모든 철학의 결점의 원인은 금욕주의적 이상이 지배하는 가운데 진리를 존재, 신으로 간주하면서 진리 자체를 문제 삼지 않았기 때문이다. 신의 부정을 통해 모든 것이 허용된다는 것은 진리의 가치에 대한 문제 제기다. 진리의 가치를 문제 삼기 위해 진리를 향한 의지에 대한 비판이 필요하다. "금욕주의적 이상이 모든 철학을 지금까지 지배했기 때문이며 진리가 존재로, 신으로, 최고의 법정 자체로 세워졌기 때문이며, 진리를 문제 삼는 것이 전혀 허용되지 않았기 때문이다. 이 '허용된다'는 말을 이해하는가 ―금욕주의적 이상의 신에 대한 신앙이 부정되는 그 순간부터, 또한 어떤 새로운 문제가 있게 된다: 그것은 진리의 가치에 대한 문제이다― 진리를 향한 의지는 비판이 필요하다"(527).

과학은 가치창조가 아니다. 과학은 금욕주의 이상의 반대가 아니라 그 이상이 내적으로 형성되기 위한 추진력이다. '과학이란 아직 충분히 자립적이지 못하다.' 과학은 금욕주의적 이상과 적대적인 관계에 있는 것이 아니다. 둘 다 현실을 똑같이 부정하고 있기 때문이다.

"예술이란 과학보다도 훨씬 더 근본적으로 금욕주의적 이상에 대립되어 있다"(529). 유럽은 현재 '예술의 최대 적인 플라톤의 본능'을 알아차린다. 과학은 금욕주의, 생명의 빈곤화에 근거하며 예술은 생명의 넘침에 근거하면서 금욕주의에 반대한다. 플라톤이 저편 세계의 인간으로 삶의 비방자라면, 호메로스는 아무 의도가 없는 삶의 숭배자이다. "플라톤 대 호메로스: 이것이야말로 완전하고 진정한 적대 관계이다 ― 전자는 최선의 의지를 지닌 '저편 세계의 인간'이자 삶의 위대한 비방자이고, 후자는 아무 의도가 없는 삶의 숭배자이자 황금의 자연이다"(529).

만약 금욕주의적 이상에 봉사하고 있는 예술가가 있다면 이는 부패 중에서 가장 큰 부패다. "생리학적으로 검토해 보자면 과학은 금욕주의적 이상과 동일한 기반 위에 바탕을 두고 있다: 양자의 전제는 어떤 생명의 빈곤화이다 ―정서가 차가워지고, 속도가 느려지며, 본능 대신 변증법이 나타나고, 얼굴이나 몸짓에 진지함이 나타나 있다(힘겨운 신진대사나, 투쟁하고 있는, 좀 더 힘들게 노력하고 있는 삶을 나타내는 이 명료한 징조로서의 진지함). 학자가 중요시되는 어떤 민족의 시

대를 관찰해 보자: 이는 피로의 시대이며, 황혼의 시대, 쇠망의 시대이다— (이 시대에는) 넘쳐흐르는 힘, 삶의 확실성, 미래의 확실성이 사라져 버린다"(529-530). 과학으로 인식의 자기비판, 곧 자기 자신에 대한 존경심이 기묘한 자만이었다고 설득한다. 과학을 통한 자기 멸시는 스토아적인 평정심에 이른다.

칸트는 '신학적 개념의 독단론'(신, 영혼, 자유, 불멸성)에 대한 승리를 통해 금욕주의적 이상을 깨면서 우리가 신학자로부터 해방된 것은 행운이라고 한다. '미지의 것이나 신비한 것 자체의 숭배자로서 불가지론자들이 의문부호 자체를 이제 신으로 경배'하는 것은 어리석다. 샤베 두당Xaver Doudan의 비판처럼 "알 수 없는 것을 경배하는 습관이 야기한 폐해"(532)가 문제다. "'인식하는' 모든 것이 그의 소망을 채워 주지 못하고, 오히려 그 소망에 반하며 전율을 불러일으킨다고 할 때, 그 책임을 '소망'이 아니라 '인식'에서 찾아도 된다는 것은 얼마나 엄청난 평계인가! '인식이란 존재하지 않는다. 그러므로 신은 존재한다.' 얼마나 새로운 우아한 추론인가!"(532). 니체는 금욕주의적 이상의 승리를 알지

못한 것에 대한 믿음에서 잘못 추론한 오류의 결과라고 비
판한다.

18. 예술 대 과학: 삶의 긍정, 삶의 부정

현대과학은 '금욕주의적 이상의 최상의 동맹자', '정신의
결핵환자'이다. 과학의 승리는 무엇을 의미하는가? 그것은
인간의 자기 왜소화이다. "인간은 자기 생존의 수수께끼를
저편 세계에서 해결할 것을 덜 갈구했던 것은 아닐까? 바
로 인간의 자기 왜소화는, 자기 왜소화를 향한 인간의 의
지는 코페르니쿠스 이래로 끊임없이 증가된 것은 아닐까?
아, 존재의 서열 가운데 인간의 존엄성, 유일성, 대체 불가
능성에 대한 믿음은 사라졌다. ― 인간은 동물이 되어 버렸
다"(531). 모든 과학은 '자만', '자기 멸시', '스토아적인 평정
심'을 갖게 된다.

현대의 역사 기술記述이 모든 목적론을 거부하며, 긍정과
부정을 거부하고 확정과 기술만 하려는 것은 고도의 금욕
적이며 동시에 허무주의적이다. 이러한 기만에 속아선 안

된다. 마치 북극 탐험가가 밖의 세계를 보려는 것처럼, 그러나 눈이 내린 곳에도 생명은 침묵하고 있다.

역사성에 대한 관조, 객관적으로 보기, 구경거리에 대한 비판과 함께 니체는 역사에 대한 호색적인 내시 근성, 금욕주의적 이상에 대한 추파, '성적 불능이 정의인 척하는 위선'을 짓밟고자 한다. 니체는 다음과 같은 공명심을 비판한다. "나는 인생을 구경거리로 만드는 하얗게 칠한 무덤을 좋아하지 않는다. 나는 지혜에 휩싸여 '객관적으로' 바라보는 피로한 자와 쓸모없는 자를 좋아하지 않는다. 나는 짚으로 만든 머리 위에 이상이라는 요술 두건을 쓰고 있는 영웅으로 분장한 선동가들을 좋아하지 않는다"(535).

독일정신의 황폐화의 원인은 '신문과 정치와 맥주와 바그너의 음악을 너무 지나치게 섭취'한 데 있다. 섭생의 문제 외에도 '민족적 강박과 허영', 현대적 이념, 흥분제와 자극제, 브랜디만 필요로 하는 풍조도 한몫한다. 위조, 불쾌, 악취가 바로 유럽의 공기다. '청정한 냄새'를 풍기게 하려면 '고귀한 분노'가 필요하다. 여기서 필요한 것은 '용기'이며 '매우 공평무사한 하나의 손'이다. '현대적인 정신'은 '바로 우리의 문제, 즉 금욕주의적 이상의 의미'이다. 니체는 금욕주의적 이상의 의미에 맞선 힘에의 의지, 모든 가치의 가치전도를 준비하고 있다. 그것은 금욕주의적 이상을 불신하는 '코미디언'으로서 화폐위조를 통한 이상이 필요하지 않은 무신론자들에 의해 가능한 일이다.

'금욕주의 이상에서', '가장 정신적인 영역에서도' 적과 가해자는 불신을 불러일으키는 '코미디언'이다. 오늘날 정신은 그들이 '화폐위조' 없이 활동하는 곳에서 "진리를 향한 의지를 제외하고는, 대체로 이상을 필요로 하지 않는다 ― 이러한 절제를 나타내는 통속적인 표현이 '무신론'이다"(537).

'고해신부의 명민함'에서 볼 때, 이제 자연과 역사를 신적 이성, 이성, 세계질서, 목적으로 해석하는 고해신부의 시대는 모두 지나갔다. "자연을 신의 선의와 보호의 증거인 양 보는 것, 역사를 신적 이성에 경의를 표하기 위한 윤리적 세계 질서나 윤리적 종국 목적의 영원한 증인으로 해석하는 것, 경건한 사람들이 오랫동안 해석해 왔듯이. 자기의 경험을 마치 모든 것이 섭리이며, 모든 것이 암시이며, 모든 것이 영혼의 구원을 위해 생각되고 보내 온 것처럼 해석

하는 것: 이러한 것들은 이제는 지나갔다. 이러한 것들은 양심에 반反하는 것이다"(538).

19. 생명의 법칙: 자기 극복과 자기 지양

생명의 법칙은 자기 극복, 자기 지양에 의해 스스로 몰락한다. "모든 위대한 것은 그 스스로에 의해, 자기 지양의 작용에 의해 몰락해 간다: 생명의 법칙이, 생명의 본질 속에 있는 필연적인 '자기 극복의 법칙이 이러한 것을 원하는 것이다"(538). 그리스도교도 자기 자신의 도덕에 의해 몰락한다. '도덕으로서의 그리스도교'는 몰락할 수밖에 없다. '성실성'은 필연적으로 '자기 자신에 반하는 결론'을 이끌어낸다.

그것은 "성실성이 '모든 진리를 향한 의지란 무엇을 의미하는가?'라는 물음을 던질 때이다"(539). 진리에의 의지 자체를 문제로 삼는 일이 무의미하다면, 우리의 존재 전체는 어떤 의미가 있는가? 세계는 아무런 의미를 갖지 못하게 된다.

"진리를 향한 의지가 이와 같이 스스로를 의식하게 될 때, 이제부터 ─이것은 의심의 여지가 없다─ 도덕은 몰락하게 된다."

20. 해석학의 의미 문제

"인간이라는 동물은 지금까지 아무 의미도 지니지 않았다. 지상에서의 인간의 생존은 아무 목표도 없다"(539). "도대체 인간이란 무엇 때문에 존재하는가? ─ 이것은 해답이 없는 물음이었다"(539). 이때 '결여되어 있었다', '헛되다', '균열'은 금욕주의적 이상을 말한다.

인간은 해석학적 존재다. 물음에 대해 답변을 구하고자 한다. 물음을 통해 의미와 목적을 찾고자 한다. "인간은 스스로를 변명하고, 설명하고, 긍정할 줄 몰랐다. 인간은 자신의 의미의 문제 때문에 괴로워했다. 그는 그 밖의 문제로도 괴로워했다. 인간이란 대체적으로 보아 병든 동물이었다: 그러나 그의 문제는 고통 자체가 아니었고, '무엇 때문에 고통스러워하는가?'라는 물음의 외침에 대한 해답이 없다는 것이었다"(540). 인간이 견딜 수 없는 것은 고통 그 자체가 아니라 고통의 '무의미'이다. "가장 용감하고 고통에 익숙한 동물인 인간은 고통 그 자체를 부정하는 것이 아니다: 인간에게 고통의 의미나 고통의 목적이 밝혀진다고 한다면, 인간은 고통을 바라고, 고통 자체를 찾기도 한다. 지금까지 인류 위로 널리 퍼져 있던 저주는 고통이 아니라. 고통의 무의미였다. — 금욕주의적 이상은 인류에 하나의 의미를 주었던 것이다! 그것은 지금까지 유일한 의미였다. 어떤 의미가 있다는 것은 아무런 의미도 없다는 것보다는 낫다. 금욕주의적 이상은 어떤 점에서 보더라도 지금까지 있었던 최상의 '어쩔 수 없는 것'이었다. 이 이상 속에서 고통은 해석되었다. 어마어마한 빈 공간은 채워진 것처럼 보였다"(540).

비록 오역을 했지만 기독교는 고통을 죄로 해석함으로써 인간을 무의미의 늪에서 구해 내었다. 곧 해석의 대상, 지향과 무관하게 의지 자체가 의미로 채워지면서 무의미의 고통에서 구출되었다. 따라서 진리에의 의지에서는 의지가 중요하다. 곧 인간은 아무것도 의욕하지 않는 것보다 오히려 허무를 의욕하고자 한다. 해석학에서 인간은 물음을 통해 대답에서 의미를 찾는 존재다. 고통 자체가 아니라 고통의 의미가 중요하다. 왜 고통이 있는가 하는 물음을 던지게 된다. 진리에의 의지는 의미 찾기이며, 허무에 대한 의지도 삶의 의미를 찾는 것이다. 인간은 고통에 대한 의미를 찾는다. 그래서 심지어 기독교의 해석을 받아들였다. (허무를 의욕하는) 의미가 (아무것도 의욕하지 않는) 무의미보다 낫다는 것이다. 지향성의 대상이 참인지 거짓인지가 문제가 아니다. 진리에의 의지는 그 무엇을 지향함으로써 의미가 있다는 것이다.

"모든 자살적 허무주의에 대한 문이 닫혔다. 해석은 —의심의 여지 없이— 새롭고, 좀 더 깊고, 좀 더 내면적인, 좀 더 독이 있는, 삶을 갉아먹는 고통을 가져왔다: 이 해석은 모든 고통을 죄라는 관점 아래로 가져갔다. … 그러나 그럼에도 불구하고 인간은 그것에 의해 구출되었다. 이로써 인간이 하나의 의미를 가지게 되었다. 그 후로 인간은 더 이상 바람에 날리는 나뭇잎 같은 존재가 아니었고, 불합리나 '무의미'의 놀이공이 아니었다. 그때부터 인간은 무엇인가를 의욕할 수 있었다. — 우선 어디를 향해, 무엇 때문에, 무엇으로 인간이 의욕했는가는 중요하지 않다: 의지 자체가 구출되었던 것이다"(540-541). 금욕주의도 "허무를 향한 의지이며, 삶에 대한 적의이며, 삶의 가장 근본적인 전제들에 대항한 반발을 의미하는 것이다. 그러나 이것도 하나의 의지이며 하나의 의지로 남아 있다! … 그래서 내가 처음에 말했던 것을 결론적으로 다시 한 번 말한다면, 인간은 아무것도 의욕하지 않는 것보다는 오히려 허무를 의욕하고자 한다"(541). 이로써 진리에의 의지에서 의지의 구조는 의미의 추구로 드러난다. 그러한 의지가 의미를 추구하는 데 '나는 누구인가'에 대한 의미를 채워 준다면, 잘못된 해석이라도 없는 것보다 낫다는 것이다.

기존의 니힐리즘적 해석이 '무'에 대한 의욕에 근거했다면, 니체는 새로운 해석을 제시했으며 '생명'을 단초로 하여 대지, 몸, 현실에 근거한 미래철학을 구상한다.

작품 설명

    니체의 『도덕의 계보』는 그의 생애에서 후기 저술에 속한다. 논리적으로 구성한 만큼 완성도가 높은 작품 가운데 하나로 꼽힌다. 독일뿐만 아니라 미국의 유명 대학 강의에서도 『도덕의 계보』가 읽힐 만큼 고전으로 인정받고 있는 셈이다. 니체의 철학이 유럽뿐만 아니라 영미철학자들의 사유에 지속적인 영향을 확대하고 있는 가운데 『도덕의 계보』가 주목받고 있는 이유는 그것이 니체 사유의 정수를 담고 있기 때문이다. 니체가 1889년 1월 3일 카를로 알베르토 광장에서 쓰러지기 몇 년 전에 집필한 『도덕의 계보』는 앞서 집필한 『선악의 저편』, 『차라투스트라는 이렇게 말했다』 등에서 소개한 사상을 담고 있다. 또한 기존의 글들이 운문, 단편, 아포리즘으로 구성된 것과는 다르게 논문형식을 갖춰 사유들을 집대성한 야심 찬 책이라고 할 수 있다.

도덕의 계보학은 도덕의 가치를 그 자체로 다루지 않고 가치의 발생, 변형, 변화과정을 역사적으로 고찰한다. 따라서 도덕이라는 가치가 어떻게 성장했는지 토양의 지층을 밝혀 그것을 갈아엎고 새로운 가치의 토양을 마련하고자 한 것이다.

니체의 주요 관심이었던 도덕 개념에 대한 비판은 힘에의 의지를 중심으로 여러 번 작업했지만, 도덕적 가치의 종류의 기원에 대한 체계적인 작업은『도덕의 계보』에 집대성되었다고 할 수 있다. 이 책은 세 개의 논문으로 구성되어 있다.

도덕의 계보는 도덕의 개념과 가치가 어떤 것에서 유래하였는지 족보를 밝히는 것이다. 예를 들어 우리가 조상이 누구인지 따져 보는 것처럼 선과 악의 가치가 어디서 어떻게 발생하였는지를 밝히는 작업이다. 그러나 계보, 족보가

흔히 가족의 수직적인 연속성을 밝히는 것이라면 니체의 계보학은 이질적인 가치의 복합성, 복잡성, 비일관성을 밝혀내는 점에서 차이가 있다. 땅을 파 내려가듯이 지층의 여러 겹을 파헤치는 것이다.

첫 번째 논문은 도덕에 대한 심리학, 역사, 어원학, 사회정치, 생리적인 측면에서 도덕적인 '선-악'의 대립을 '좋음-나쁨'의 대립으로 환원한다. 그럼으로써 니체는 도덕에 대한 형이상학적 가치를 '자연화'하려는 시도를 한다. 선과 악의 계보는 바로 좋음과 나쁨이다. 그러나 역사적인 과정을 거쳐 좋음과 나쁨이 선과 악으로 바뀌게 되는데, 니체가 취하는 자연화란 형이상학적인 도덕 가치를 자연과학적인 설명인 생리학 등으로 충분히 설명함으로써 선-악의 문제를 좋음-나쁨으로 해소하는 것이다. 예를 들어 기분이 나쁘고 죄책감이 든다면 그것은 악하다는 도덕적 판단에서가 아니라, 소화불량이나 뇌의 상태가 문제될 수 있다고 보는 것이다. 이렇듯 니체의 계보학은 현대 의학적인 설명과도 닿아 있다고 할 수 있다. 자연주의적 설명은 생리학, 의학, 기후학 등과 관련된다.

두 번째 논문은 『도덕의 계보』를 도덕 이외의 영역, 생물학적 진화론, 경제학, 문명이론, 법, 인류학으로 확장한다. 도덕은 이러한 과정에서 무엇보다 기억, 문명, 국가와 계보적으로 연결된 불가분의 관계라는 것이다. 니체는 여기서 죄와 양심의 문제를 중심으로 그 성격을 기원, 가책, 신 개념을 중심으로 밝혀낸다.

세 번째 논문은 금욕주의 대한 비판과 학문 비판을 다룬다. 금욕적 이상은 사제적 이상, 불교적 이념과 비교되는데 본질적으로 '무에의 의지'라고 본다. 이러한 무에 대한 의지는 유럽 문화를 지배하고 있으므로 하나의 시대비판이라고 할 수 있다. 지금까지 무를 지향한 것, 아무 가치도 없는 것을 지향한 결과는 바로 허무주의, 니힐리즘이다.

위 세 가지 논문은 하나로 통일되는 주제가 아니라 각각 독립된 성격을 가진다. 그런 이유에서 니체가 '논쟁서'라는 부제를 니체가 덧붙인 것이다. 각기 다른 주제의 소논문 체계로 구성된 『도덕의 계보』는 완결된 이론체계가 아닌 하나의 새로운 시도라고 볼 수 있는 것이다.

『도덕의 계보』에서 다루어진 주제들 가운데 가장 중요한 문제의식을 좀 더 살펴 볼 필요가 있다.

첫째, 도덕 심리학에서 본 르상티망Ressentiment의 계보를 보면, 도덕의 계보학의 핵심은 새로운 가치 정립을 삶의 건강에서 찾는다는 것이다. 특히 기독교 도덕을 비판할 때, 그것을 하나의 '화폐위조'로 보고 있다. 도덕의 계보는 선과 악이라는 겉으로 보이는 가치 이면의 바닥에 숨겨져 있는 전혀 다른 욕망의 층위를 드러낸다. 여기서 특히 문제로 삼는 것은 가치와 감정의 관계에서 르상티망, 증오심이다. 흔히 원한으로 번역되는 'Ressentiment'은 어원 그대로 'Sentiment'의 반대 개념이다. 'Sentiment(Feeling)'이 인간의 능동적인 감정과 느낌을 말한다면, 'Ressentiment'은 그것에 대한 반응으로서 생기는 것이다. 인간의 감정은 원래 'passio'라는 어원의 겪는다는 뜻이 보여 주듯이 수동적인 것이다. 그러나 어떤 유형의 인간에게는 능동적인 감정이 가능하다.

니체의 도덕의 계보학의 핵심은 우리가 자명하게 여기고 있는 선과 악이 지닌 가치의 '지층'을 '쟁기날'로 파헤친다. 만약 도덕이 '화폐위조'라면 누가 위조했단 말인가? 바꿔 말해 선과 악에 대한 판단에서 중요한 것은 가치 자체가 아니라, 그것을 말하고 주장하는 사람이다. 선과 악의 판단에서 '무엇'이 아니라 '누가'라는 차원이 중요한 것이다. 선과 악의 대상이 무엇이냐가 아니라 누가 선과 악을 말하는가가 중요해진다. 계보학은 대상-물음이 아니라 주체-물음인 셈이다.

니체에게는 두 가지 유형의 사람이 존재한다. 하나는 강자인 귀족이고 다른 하나는 약자이다. 강자와 약자는 전혀 다른 방식으로 존재하며 다른 생활방식을 갖고 있다. 예를 들어 강자는 단독생활을 하는 동물이다. 사자는 혼자 있기(고독)를 좋아하며 사냥을 제외하고 다른 동물에게 관심이 없다. 또한 자족적인 삶을 영위한다. 반면 예를 들어 약자는 양이다. 양은 무리를 지어 살아가며 포식자에 대한 공포와 불안 속에 살아간다. 강한 존재인 사자처럼 귀족은 자신의 본래 감정인 'Sentiment'에 의해 살아가지만, 약한 존재는 노예는 사자에 대한 반응, 수동적 감정인 'Ressentiment'에 의해 살아간다. 요약하면 주인 도덕이 자신의 삶의 가치를 만들어 가면서 능동적으로 살아가는 것을 의미한다면,

노예 도덕은 다른 삶의 가치에 반응하고 의존함으로써 수동적으로 존재한다. 이러한 관점에서 '독수리'를 악이라고 낙인찍음으로써 자신이 선한 존재가 된다는 양의 해석학은 순전히 '상상'일 뿐이다.

예를 들어 사랑에는 두 가지 유형이 있다. 그 가운데 귀족 도덕처럼 자신의 긍정(자기 사랑)에서 나오는 참된 사랑이 있다. 그것을 니체는 먼 사랑Fernste Liebe(우정)이라고 한다. 반면 노예 도덕처럼 다른 사람에 대한 감정에서 생기는 가까운 사랑Nächste Liebe(이웃사랑)이 있다. 귀족은 자신을 긍정하면서 다른 사람을 긍정하기도 부정하기도 한다(good-bad). 자신을 사랑하지 않으면 다른 사람을 사랑할 수 없기 때문이다. 그러나 노예는 다른 사람을 사랑하는 것 같지만, 그것은 수동적인 정념에 불과하며 그 안에는 타자에 대한 반응으로서, 부정, 시기심, 질투 등이 숨겨져 있다는 것이다. 외부의 대상에서 생기는 감정은 우연적이고 상황에 따라 사람에 따라 변할 수 있으므로 본질적인 것이 아니다.

따라서 노예의 이웃사랑은 참된 사랑이 아니며, 감추어진 증오심에서 생긴 강자를 약자에게 종속시키려는 도덕이라는 것이다. 곧 양이 사자에게 이웃사랑을 말함으로써 사자는 양의 말을 듣고 그의 지배를 받게 된다. 이웃사랑은 평등과 같이 정치 이념으로 자리 잡아 자연적 가치의 위계질서를 흔들며 인간을 평준화시키는 것에 불과하다.

원한 심리학에서 인간은 두 가지 유형으로 구분된다. 능동적인 감정을 갖는 주인과 수동적인 감정을 갖는 노예다. 능동적인 감정은 활동적인 것active으로서 자신에서 출발하여 타자로 가치 평가를 전환한다. 곧 자신에 대한 긍정에서 타자에 대한 긍정, 또는 부정으로 확대된다. 반면에 수동적인 감정은 반동적인 것reactive으로서 타자에서 출발하여 자신에게 되돌아가는 가치 평가로서, 타자에 대한 부정에서 시작하여 자신에 대한 긍정으로 이어진다. 선과 악을 넘어서 있는 것은 좋음과 나쁨이다. 선과 악의 가치를 폐기하려는 이유가 좋음과 나쁨의 구분만으로도 충분하다는 점에서 니체는 자연주의적인 입장을 따르고 있다.

흄, 샤프츠베리, 스미스 등 많은 윤리학자가 타자에 대한 연민으로서 도덕감의 필요성을 주장하고 있지만, 니체에게 공감이란 본질적으로 타자에 대한 반응으로서의 감정이다. 오히려 니체는 스토아학파의 입장에서 타자에 대해 무관심할 것을 주문한다. 니체의 입장은 에픽테투스의 '자신의 콧물을 스스로 닦아라wipe your own nose'는 말과 일치한다. 어떤 사람이 콧물을 흘릴 때, 스스로 닦도록 해야지 불쌍하다는 연민에서 도와주다 보면 평생 스스로 콧물을 닦지 못한다는 것이다. 다른 사람에 대한 지나친 연민, 공감은 그의 자기 완성의 기회를 박탈하는 것이 된다.

진정한 욕망이 타자에 대한 관심이 아니라 타자에 대한 무관심, 자신에 대한 관심, 자기 완성이라고 한다면, 니체는 스토아철학의 입장(아파테이아)을 대변한다고 볼 수 있다.

타자에 대한 사랑이 노예적인 원한에서 유래했다는 주장은 이웃사랑이 자기 보호와 자신의 생명 보존을 위해 주장된 거짓이라는 것이다.

둘째, 양심과 정의와 기억의 문제를 볼 때, 양심은 원래 어원적으로 '함께 알다conscience'에서 유래했으며, 고대철학에서는 내면의 소리(다이몬)라는 의미로 이해되고, 중세 종교에서는 하느님의 목소리로, 근대 심리학에서는 타자의 소리로 다양하게 해석되었다. 니체는 양심이 인간의 본래

소리가 아니라 타자의 내면화로서 본다는 점에서 프로이트 S. Freud의 선구자라고 할 수 있다.

양심의 심리학에서 양심은 신의 목소리가 아니라 '밖으로 배출될 수 없을 때 안으로 방향을 돌리는 잔인성의 본능'으로 가학적 마조히즘인 문화적 반영이다. 따라서 책임감, 정의, 기억은 역사적인 과정에서 개인에게 책임이 맡겨지는 것이다. 니체는 이러한 과정이 기억술Mnemotechnik이라고 비판한다. 따라서 니체가 형벌, 도덕성, 국가, 양심을 분석할 때 사용하는 계보학은 심리학적 시각을 취하게 된다.

양심은 기본적으로 기억과 관련된다는 것이 니체의 주장이다. 동물은 의식도, 기억도 없으므로 시간에 대한 관념이 없다고 할 수 있다. 그러나 인간이라는 야생동물이 어떻게 기억을 갖게 되었냐는 것은 정치학의 과제 중 하나이다. 니체는 기억의 기제에 대한 분석을 통해 잔인한 훈육과 훈련을 문화의 본질로 본다.

망각과 기억에 대한 니체의 역사철학적 고찰에서, 과거를 그대로 보존하려는 '골동품적' 태도에 따른 지나친 기억은 '조형력'을 파괴한다고 본다. 따라서 한편으로 망각은 생명의 본성이자 건강하다는 증거이기도 하다. 니체가 『차라투스트라는 이렇게 말했다』에서 정신의 3단계를 말할 때 (낙타, 사자, 어린아이에서) 망각은 어린아이의 본성이다. 망각하는 것을 통해 새로운 가치의 창조가 가능한 것이다.

그러나 인간이 사회적인 강제에 의해 기억하게 되는 것은 '사회적 계약'인 법과 관련된다. 잔인하게도 기억의 수단이란 '불로 지져서 남는 흔적'처럼 사회적 강제에 의해 인위적으로 이루어지는 것이다. 니체는 '관습의 도덕Sittlichkeit der Sitte'을 '강제복Zwangsjacke'이라고 부른다. 양심을 포함한 윤리란 마치 정신병이 있는 사람에게 꼼짝하지 못하도록 입히는 옷과 같이 잔인한 폭력이다.

양심의 가책Das schlechte Gewissen도 행위에 대한 본래의 도덕성에 따라 책임감을 갖는 데서 유래한 것이 아니라 타자와의 사회적인 상호관계에서 이루어진다. 그러한 물질적 토대는 경제적인 상호교환인 주고-받음의 관계에서 출발하면서 채권과 채무의 개념이 등장한다.

따라서 채권-채무는 원래부터 도덕적인 가치를 갖지는 않는다. 채무를 이행하면 채권은 자연스럽게 소멸되는 것이다. 그러나 채무불이행의 경우, 채권자에게 채무이행에 대한 권리를 양도하게 된다. 여기서 신체형은 채무이행에 대한 기억을 각인시키면서도 채무를 해소하는 기능을 하게 된다. 그러나 죄의 개념은 여기서 아직 등장하지 않는다. 채권-채무관계에서 약속 이행에 책임에 대한 기억이 사회적으로 요구된다. 만약 끝내 채무가 이행되지 않을 경우 채권자는 잔인함을 요구할 권리를 갖게 되는데, 마치 축제처럼 채권자는 채무자에게 고통을 주는 권한을 가지게 된다.

　이러한 양심과 기억에 대한 논의는 필연적으로 사회적 정의에 대한 입장으로 연결된다. 사회적 정의란 간단하게 말해 채권과 채무라는 교환적 정의가 잘 실현되는 것을 말한다. 받은 것을 되돌려 주는 것, 빚의 되갚음이 바로 정의로운 사회의 기본적인 조건이다. 그것이 제대로 이루어지지 않을 때 시정하는 것이 형법이라면, 채무불이행에 따라 처벌은 점점 더 강화될 가능성이 있다. 그러나 니체는 형벌의 완화를 '교환정의의 자기 지양'으로 제시한다. 곧 새로운 정의의 개념은 채권-채무 관계를 포함해 균형이 실현되지 않을 때도 처벌하지 않고 용서하는 '자비Gnade' 개념을 고안한 것이다. 이러한 논의는 잔인한 신체형을 통해 군주의 권력을 보여 줬던 고대, 중세의 형벌제도에서 사형제도를 폐지하는 등 점차 형벌이 완화되는 현대사회의 형벌제도까지의 변화를 잘 반영하고 있다. 사회적 형벌을 통해서 이루어지는 내면화뿐만 아니라 공격 충동의 내면화를 양심의 계보에서 다룰 때 '밖으로 향한 폭력성이 자신 안으로 방향을 바꾸어' 자기 학대로 된 것이 양심이자 죄책감이다. 이렇게 근대사회가 끊임없이 사회적 강제를 강요한다면, 사회계약과 그것에 근거한 국가는 '가장 냉혹한 괴물'이 된다.

내면화의 과정이 도덕성을 심어 주는 것이라고 할 때, 니체가 문제 삼는 것은 신의 개념이다. 종교적인 신의 개념이 앞에서 말한 주고받음, 되돌려 줌과는 다른 성격을 갖는 이유는 '대속자'의 역할 때문이다. 일반적으로 경제적인 채무는 되돌려 줌으로써 이행의 의무에서 자유로워진다. 그러나 기독교에서의 예수는 대속자로서 인류의 모든 죄를 대신 해소함으로써, 다른 사람들이 스스로 죄 사함을 받을 수 있는 가능성을 빼앗아 버린다. 기독교에서 대속자의 중재 없이 자기 구원은 불가능하다.

그리스도교에서 신은 최고의 부채 감정의 형상화이다. 일반적으로 인류는 조상의 덕으로 생명이 보전되고 발전되므로 자연스럽게 선조에 대한 부채 감정을 갖게 된다. 그러나 죄의식은 기독교를 통해 보편화되고 채무 의식은 절대화된 것이다. 인간의 고통에 대한 원인을 죄로 생각하고, 그것으로부터 궁극적인 해방을 스스로 이를 수 없다는 무능력을 그리스도교에서 주장하고 있는 것이다.

셋째, 금욕주의적 이상에 대한 비판을 보면 금욕주의는 보통 자연스러운 욕망을 죄악시하고 정신적 가치를 중요시하는 특징을 가진다. 니체는 한편으로 금욕적 이상에 유용한 측면이 있지만, 다른 한편으로는 부정적인 성격을 갖는다고 비판한다. 금욕주의의 장점은 니체가 지적하듯이 철학자들이 결혼하지 않는다는 사실에서 단적으로 확인할 수 있다. 홀로 있을 수 있는 자아의 강인함으로 자신의 정신을 풍부하게 하고 삶의 가치를 실현할 수 있기 때문이다. 그러나 금욕적 이상의 문제점은 반자연적이라는 점에 있다. 인간의 욕망은 생존을 위해 필수적인 것으로 그것을 실현하는 것은 당연한 일이자 행복의 조건이다.

삶의 부정으로서의 금욕을 요구하는 대표적인 계층은 바로 사제다. 니체는 사제의 금욕적 이상 자체를 문제 삼는 것이 아니라, 그것을 통해 그들이 추구하는 권력을 비판한다. 금욕적 사제가 자신의 권력을 극대화하는 전략은 원한의 내면화이자 죄책감의 심화이다. 곧 삶을 죄로 물들이고 그것에 구원의 환상을 줌으로써 세상을 지배하게 된다는 것이다.

금욕적 사제는 죄의식을 강화하고, 기계적 활동을 강요하며 무리를 형성하는 데 즐거움을 느끼도록 한다. 니체는 사제가 금욕주의적 이상을 통해 자신의 권력을 확장하려고 꾀한 결과, 유럽이 원한문화에 지배받게 되어 병들게 되었다고 한다.

예술에서의 금욕적 이상은 관능성의 부정을 문제 삼는다. 칸트 이래 미적인 것은 '무관심성'으로 요약된다. 곧 아름답다는 것은 대상과는 무관하게 무관심한 주관적 감정이다. 스탕달에 기댄 니체에게 관능성을 거부하는 일이 원천적으로 불가능하기 때문에 미적 태도란 생명의 매력인 관능성을 수용하는 것이다. 예술에서 금욕주의적 이상은 무의미하다는 것이다.

철학에서의 금욕주의적 이상은 감각의 불신, 진리에의 의지, 그리고 이성의 자기 경멸을 내용으로 한다. 금욕주의 철학은 한계를 가지며, 그것을 넘어서는 것이 관점주의이다. 관점적 인식과 해석에서 객관성이 중요하게 된다. 그렇다면 객관성이란 무엇인가?

기존의 모든 가치가 잘못된 것이라면 단 하나의 해석만을 허용했기 때문이라는 것이다. 이제 유일한 원천을 제거한다면 '모든 것이 허용된다.' 그렇다고 니체가 극단적인 상대주의 입장을 취하지 않고 객관성을 해석의 기준으로 삼는다는 점은 흥미롭다. 우리가 무엇을 이해할 때, 보다 많고 다양한 관점을 허용할 때만 객관성에 도달할 수 있다고 할 수 있다. 그러나 그것은 코끼리를 만지는 사람들이 자신이 느낀 바를 합쳐서 하나의 전체상을 만든다는 뜻은 아니다. 그렇다고 주관의 '정서'를 배제하고 순수한 이성으로 바라보는 것도 아니다.

'관점주의'란 니체 해석학의 기본 입장으로서 다원주의로 요약할 수 있다. 다원주의란 같은 사물을 달리 볼 가능성을 허용하는 것이다. 그러한 과정을 통해 원래의 의미는 다양해지고 풍성해지면서 객관성을 드러내게 된다. 우선 '선과 악'이라는 도덕적인 가치로 덧칠된 해석을 제거할 필요가 있다. 왜냐하면 노예들이 세상을 공정하지 못한 오염된 눈으로 보았기 때문이다. 결국 해석은 대상이 아니라 해석하는 주체의 힘과 관련되어 있다. 건강한 사람은 세상을 하나로 보고 긍정하면서 이 세상을 객관적인 실재로 인식할 수 있다. 그러나 건강하지 못한 사람은 이 세상이 아닌 다른 세상을 바라보고자 왜곡하게 된다. 객관적으로 본다는 것은 이 세상을 있는 그대로 보되 다양성과 다름의 가능성도 허용하는 개방성의 정신을 말한다. 객관적인 해석을 위해 모든 정서를 제거하는 것이 아니라, 건강한 정서의 눈을 통해 세상을 바라볼 필요가 있는 것이다.

학문에서의 금욕주의는 양심을 결여하고 있고, 진리를 도덕화한다. 금욕적인 활동의 종류에는 노동과 자연과학, 과학기술이 있다. 이러한 금욕주의적 이상은 스스로 지양되어야만 한다. 특히 과학기술에 대한 비판에서 니체는 '오만Hybris'을 문제 삼는다. 현대의 철학자 가운데 과학기술에 대한 비판을 주도한 독일철학자 하이데거는 근대과학기술이 사물의 진리를 드러내는 본래의 역할을 상실하고, 자연에게 자원을 내놓으라고 닦달Ge-stell한다고 비판한다. 같은 맥락에서 니체는 과학기술의 핵심인 실험이 호기심에서 비롯돼 세계와 자신을 끊임없이 해부하지만, 결국 그것은 세계에 대한 인간의 오만을 보여 주는 잘못된 태도라는 것이다. 마치 양파의 껍질을 벗기는 것처럼 세계의 비밀을 파헤치려는 과학은 결국 세계를 인과율로 완전히 해명함으로써 예측가능하고 '수정 가능할 것'이라는 소크라테스주의의 믿음과 닿아 있다. 인간의 오만한 태도를 실현하는 과학기술이 환경을 파괴하고 생명의 질서를 뒤흔드는 것은 어쩌면 당연한 일이다.

니체의 도덕의 계보학은 해석학Hermeneutik의 입장을 대변한다. 해석학은 물음과 대답이라는 언어적 순환과정에서 세계의 의미를 찾는 방법론이다. 결국 우리는 인간이 어떤 의미를 추구했는지 물을 수 있다. '금욕주의적 이상은 해로운 이상, 종말에의 의지, 데카당스적인(퇴폐주의적인) 의지임에도 불구하고 어디에서 이 이상의 어마어마한 힘이 생겨났는가'를 묻는다.

니체의 대답은 간단하다. 그동안 인간이 추구한 것은 '무'의 의미다. 곧 이 세상의 의미를 무화하고 초월의 세계를 지향하면서 살아왔지만, 그것이 하나의 허상이자 '무'였다는 것이다. 가치의 '무'가 실제로 '무'로 드러난 것이 허무주의라는 유럽정신사의 사건이다. 가치 있다고 믿은 것이 사실 그렇지 않다는 참담한 실망감과 탄식을 자아냈다. 왜냐하면 원래 없던 것이었기 때문에 없어지는 결과는 당연한 것이기 때문이다. 무에 의지해서라도 삶의 의미를 만들어야만 생존이 가능할 정도로 절박한 인류는 그만큼 병들어 있었다.

니체가 '사실은 없고 해석만이 있다'고 할 때 의미의 이해는 물음의 지평에서 이루어진다. 여기서 질문하는 사람의 의도는 심리학적, 생리학적, 권력의 관계에서 읽힐 수 있다. 도덕의 계보학에서 다루는 선과 악의 개념 역시 해석의 결과다. 중요한 것은 선과 악 그 자체가 아니라 그것에 의미를 부여한 해석자의 의도이다. 니체가 그의 시대를 데카당스로 진단한 이유는 인간의 삶에 대한 잘못된 해석이 시대를 지배했기 때문이며, 더 정확히는 생명의 가치를 평가절하하는 잘못된 해석이 지배하고 있기 때문이다.

도덕적 개념의 기원과 전개과정에서 모든 가치가 무의미하게 되는 허무주의가 도래하게 된 것은 도덕이 삶과 적대적인 관계를 맺고 있기 때문이다. 니체에게 선과 악의 가치, 도덕적 질서는 약자들이 만든 '상상'에 불과하며, 특히 기독교적 도덕은 사제들이 이 땅을 지배하기 위한 수단이라는 것이다. 곧 삶의 본능을 부정하는 금욕주의적 사제가 말하는 기독교적 도덕은 극복되어야 한다.

니체가 말한 해석학에서의 객관성이란 이 세상을 도덕적 가치로 보지 않고 자연 그 자체로 보는 것을 말한다. 이 세상에서 '선과 악'의 그늘을 지워야만 '좋음과 나쁨'의 빛이 드러나게 된다. 생을 부정하는 퇴폐적인 사상이 물러가야 생의 씨앗을 뿌릴 수 있는 새로운 토양이 마련되는 것이다. 새로운 미래의 철학적 사유는 대지 위에서 싹을 틔우고 열매를 맺게 될 것이다.

'자기 극복'과 같은 끊임없는 자기 완성은 세계와 자신에 대한 새로운 해석을 요구하고 있다. 니체가 구분하는 주인 도덕과 노예 도덕의 차이는 '단독본능'과 '무리본능'으로 구분된다. 주인은 스스로 주체적으로 삶을 만들지만, 노예는 패거리를 이루면서 존재한다. 주인은 노예에 무관심하면서 자립적으로 자족적인 삶을 꾸리지만, 노예는 주인에 의존하고 반영하면서 르상티망에 사로잡혀 사는 것이다. 노예란 스스로 삶의 가치를 만들지 못하는 수동적인 정신(낙타)을 말한다.

고귀한 가치는 '선과 악의 대립'이 아니라 '좋음과 나쁨'의 대립에 기초해 타자에 대한 동정과 연민에 근거한 노예 도덕을 지양하고 귀족적 가치의 부활을 예고한 것이다. 이러한 가치 전환의 배경에는 이기주의와 이타주의 간의 왜곡된 긴장관계에서 노예적 가치가 승리를 하게 되는 '노예 도덕에서의 반란'을 문제 삼는 점에 있다. 이제 그 가치는 다시 제자리를 잡아야 된다. 뒤집힌 노예 도덕과의 관계에서 주인 도덕이 노예 도덕을 지배해야 위계질서가 다시 서게 된다는 것이다.

성직자의 심리학, 종교, 도덕, 과학에서 금욕주의적 이상은 '종말에의 의지'를 반영한 오류의 해석이었지만 그나마 하나의 유용한 기능을 했다고 할 수 있다. 인간은 '아무것도 의욕하지 않는 것보다 무를 의욕하고자 했다.' 곧 무를 의욕하면서 만든 해석의 체계는 전 세계를 지배했지만, 역설적으로 잘못된 해석이 그나마 인간에게 삶의 의미를 찾게 해 주었다는 것이다. 이제 새로운 해석은 이쪽의 대지에서 싹을 틔워야 한다. 새로운 가치 전환은 원래 잘못되었던 가치의 자리를 바로잡아 주는 것이다. 이것이 니체가 꿈꾼 미래철학의 사유의 꿈이다. 고귀한 도덕은 '거리의 파토스'를 통해 거리를 두면서 차이를 만드는 정신에 근거한다.

　니체철학의 영향사를 보면, 『도덕의 계보』는 프랑스철학자 들뢰즈뿐만 아니라 푸코에게 지대한 영향을 끼친 것으로 알려져 있다. 들뢰즈는 니체의 철학에 대한 저서 두 권을 저술하면서 사상 전체를 체계적으로 분석한다. 국내에서 들뢰즈의 사유는 『차이와 반복』을 중심으로 활발히 연구가 이루어지고 있다. 특히 작용적인 것과 반작용적인 것의 차이에 대한 들뢰즈의 연구는 그의 독자적인 사유를 이해하는 데 핵심이 된다. 들뢰즈의 니체 분석에서 중요한 점은 존재와 시간의 관계에서 무한히 반복되는 영원회귀의 문제가 선택적으로 어떻게 이루어지는가의 물음이다. 이 것이 들뢰즈의 '선택적 존재론'의 핵심이다.

푸코는 다양한 관점에서 니체의 방법론을 수용한 것을 스스로 인정하고 있다. 구조주의적 방법론에 따라 진리를 연구하던 푸코는 니체의 계보학적 방법론을 통해 공시성을 연구하는 구조주의에 역사성을 도입한다. 구조주의 방법론은 통시성을 배제하는 것이 원칙이지만 푸코는 니체의 역사적인 계보학의 장점을 최대한 활용하여 시대적인 담론 구조를 밝혀냈다.

푸코는 니체의 『도덕의 계보』에 나오는 채무, 처벌, 형벌의 역사의 주제를 『감시와 처벌』에서 그대로 발전시켜 지식과 권력의 결합관계에 주목하면서 근대사회에서 강화되는 권력 지배방식의 변화에 주목한다. 니체의 경우 진리에의 의지는 하나의 권력에의 의지이다. 마찬가지로 근대사회에서 인간을 대상으로 한 많은 종류의 인문, 사회과학, 자연과학적 지식이 지배를 위한 도구로 전락한다는 것이 푸코의 진단이다. 근대의 새로운 지식 가운데 법학, 심리학, 행정학, 건축학 등이 결합하면서 파놉티콘Panotipcon이라는 완전한 감시가 가능한 시스템이 탄생하게 된다. 이제 권력은 예전과는 다른 방식으로 작동한다. 몸이 영혼을 감시하는 것이 아니라 영혼이 몸을 감시하는 시스템이 자리 잡게 된다.

『감시와 처벌』에서 형벌의 제도는 잔인한 신체형에서 감시로 완화되면서, 인권의 보호가 이루어지고 있는 것 같지만 실제로 권력은 미시적이고 분열적이며 편재적으로 시민의 일상을 감시하고 통제한다는 것이다. 곧『감시와 처벌』은 결국 탈옥해도 일상이 또 다시 감옥이 되는 파놉티콘의 시대를 분석하고 있다. 현대 사회를 정보화 사회라고 할 때, 점점 교묘해지고 촘촘해지는 권력의 감시망에 대한 분석은 몸에 대한 훈육, 비가시적인 감시의 방식으로 지속적으로 이루어진다는 점에서 권력에 대한 비판적인 연구가 필요하다고 할 수 있다.

니체가 『도덕의 계보』를 통해 얻고자 한 것은 삶 자체에 대한 무한한 긍정이다. 선과 악으로 채색된 껍질을 벗겨 내고 생명 자체의 가치를 그 자체로 바라보기를 원했다. '신은 죽었다'는 선언으로 유럽의 정신사에 충격을 주었던 니체는 '망치의 철학'을 주장하고 자신을 '다이너마이트'로 지칭했다. 그렇다면 그는 망치와 '다이너마이트'로 무엇을 부수었단 말인가?

니체는 도덕의 오랜 가치체계를 부수고 그 자리에 인간의 삶, 생명의 무한한 반복과 긍정을 말했다. 『차라투스트라는 이렇게 말했다』의 정신의 3단계에서 니체는 낙타, 사자, 어린아이의 단계를 구분한다.

첫 번째 단계인 낙타는 기존의 선과 악으로 새겨진 도덕의 짐을 아무런 불평도 없이 짊어지고 묵묵히 사막을 걷는다. 사막은 단지 낙타가 걸어가는 공간만을 의미하는 것이 아니라 그의 삶의 의미와 세상 자체가 삭막해진다는 것을 의미한다. 허무주의란 생명이 메말라 버리고 '사막이 자란다'는 현상이다. 사막은 모든 생명이 살 수 없는 불모지인 셈이다. 마찬가지로 과거의 윤리적 언명에 갇혀 사는 낙타의 삶은 사막처럼 황폐하다. 왜냐하면 그가 따르는 규율이 생명을 죄악시하기 때문이다.

다음 단계인 사자는 선과 악의 규범을 과감히 깨뜨린다. 신으로 상징되는 용이 자신의 비늘을 반짝이면서, '모든 가치는 이미 창조되었고 새로운 것은 없다'고 할 때, 사자는 그 것에 맞서는 '성스러운 부정'이다. 이것이 『도덕의 계보』에 서 다룬 비판의 정신이다. 사자는 그것을 통해 자유를 갖게 되지만 새로운 가치를 창조하지는 못한다. 가치를 부정했지 만 새로운 가치는 아직 존재하지 않는 무의미의 단계다.

끝으로 어린아이는 기존의 모든 가치를 파괴한 곳에 새 로운 가치를 창조하려고 한다. 기존의 밭을 모두 갈아엎고 새로운 씨앗을 뿌리고자 한다. 어린아이의 정신은 무죄, 망 각이자 놀이이며 새로운 시작이자 스스로 구르는 바퀴다. 『도덕의 계보』에서 비판한 기억문화, 내면화에 대한 분석 에서 다룬 강요된 기억에서 어린아이는 해방된다.

또한 어린아이는 무엇보다 『도덕의 계보』에서 다룬 죄책 감Schuldgefühl에서 자유롭다. 어떤 사회적인 교육을 받은 적 없는 어린아이의 생명은 때 묻지 않은 순수함 그 자체다.

어린아이는 잊음으로써 모든 사회적 구속과 강제에서 해 방된 존재다. 또한 어린아이는 놀이하는 존재다. 니체의 사 유에서 중요한 비유로 사용되는 바다가 인간이라는 하천이 흘러드는 공간이라면 그 바닷가에서 뛰어노는 아이는 헤라클레이토스의 아이온aion*의 개념처럼 어떤 목적도 없이 삶을 그냥 즐긴다. 도덕적 규범에 따라 '마땅히 해야 할 것'에 따른 것이 아니라, 자신이 하고 싶은 것을 놀이로 즐길 뿐이다. 이러한 놀이의 중요성은 니체의 초기 사상인 『비극의 탄생』에서부터 후기 사상에 이르기까지 디오니소스적인 것, 춤, 신체성에서 강조된다. 무용가 이사도라 덩컨이 니체의 춤의 사유를 받아들였듯이 아이가 맨발로 바닷가에서 춤을 추듯 뛰어노는 것은 저 세상으로 도피하지 않고 이 세상의 대지에 대한 신체적인 긍정을 의미한다.

『도덕의 계보』는 니체 후기 사상을 특징짓는 여러 저서와 공유하는 철학적 주제들을 심화시키고 있다. 니체가 '생성의 무죄Unschuld des Werdens'를 주장하면서 계보학으로 갈아엎은 대지에 생명의 사유를 심고 새로운 싹을 틔우는 데는 오랜 시간이 걸렸다. 이제 니체는 현대철학에서 결코 건너뛸 수 없는 위대한 사상가의 지위를 차지하고 있다.

특히 포스트모더니즘의 주체에 대한 비판에서 니체의 영

---

* 시간이 계속된다는 뜻으로, 영원 또는 시대.

향력은 절대적이라고 할 수 있다. 니체는 주체가 하나의 허구라고 비판한다. 푸코도 이것을 받아들여 '인간은 바닷가에서 사라지는 자국'과 같다고 주장하면서 『도덕의 계보』를 인용한다. '번개가 치다'에서 주체는 한편으로 주어-술어를 사용하는 유럽 언어사용에 따른 문법적인 허구이다. 다른 한편으로는 정치철학적인 관점에서 주어와 술어의 구분이, 강자에게 보복하지 않음, 자유의지, 책임을 묻기 위한 약자의 의도라는 것이다.

언어철학적이든, 정치철학적이든 주체에 대한 니체의 문제제기는 80년대 주체 문제에 대한 근본적인 비판으로 데카르트의 코기토, 신의 존재 등에 대한 해체를 가져왔다. 그와 함께 구조주의 사조에서는 니체의 사상이 다양한 관점에서 연구되었다. 이러한 점에서 하버마스는 니체를 '포스트모더니즘의 전환점'으로 비판하고 있지만, 니체의 주체 비판은 현대철학의 담론에서 여전히 유효하다고 할 수 있다.

최근 니체철학은 유럽에 국한되지 않고 영미윤리학자들에게 많은 영감을 주고 있다고 평가받고 있다. 법철학 분야에서 니체의 『도덕의 계보』에서 다룬 형벌의 역사가 매우 중요한 텍스트로 다루어지고 있는 것이 어쩌면 당연한 일인지도 모른다. 이제 니체의 계보학적 사유가 철학의 땅에 더 깊은 뿌리를 내리고 가지를 높이 뻗어 잎을 활짝 펼칠 시대가 온 것이다.